KB263798

부동산 투자,
기본으로 돌아가라

부동산 투자, 기본으로 돌아가라

규제가 바뀌어도 원칙은 흔들리지 않는다

아이리 지음

6번의 투자로 80억 부를 이룬
강남 다주택자의 부동산 인사이트

일에일북스

이제는 기본으로
돌아가야 한다

시간이 없습니다. 돈 벌 시간이 없습니다.

투자는 돈 벌 시간이 생각보다 길지 않다는 데서 출발해야 합니다. 취업하고 월급을 받을 수 있는 시간은 길어야 30년입니다. 연봉이 1억 원이어도 실제로는 많이 모아야 매년 약 7천만 원을 모을 수 있습니다. 30년 동안 20억 원을 손에 쥐게 되는 것입니다. 물론 30년 동안 한 푼도 쓰지 않아야 합니다. 더 큰 문제는 20억 원이라는 돈이 모이는 시점이 당장 오늘이 아니라 30년 후라는 것입니다. 따라서 평범한 직장인이 불안정한 월급을 모아서 서울 아파트를 사겠다는 계획은 불가능합니다. 게다가 매 순간 돈의 가치는 떨어지고 있습니다. 통화량이 증가하면서 화폐 가치의 하락을 가속화시키고 있기 때문입니다.

근로소득의 한계를 극복하고 동시에 피할 수 없는 인플레이션을 이길 수 있는 유일한 방법은 투자입니다. 실시간으로 가치가 줄어드는 현금으로 실물자산인 아파트에 투자하는 것입니다.

그럼 어떤 아파트에 투자해야 할까요? 좋은 입지의 아파트는 어떤 특징을 가지고 있을까요? 수많은 고민과 비교를 통해 아파트를 매수했지만 우리 모두는 왜 경제적 자유를 이루지 못했을까요? 시장은 왜 우리의 예상대로 움직이지 않을까요?

아파트 입지를 분석하고 행동경제학 관점에서 부동산 투자 결과에 영향을 미치는 사람들의 심리와 행동들을 살펴본다면, 실수를 줄이고 더욱 합리적인 결정을 내리는 데 도움이 될 것입니다. 시장의 흐름을 읽을 수 있게 될 것입니다. 투자자로서 우리의 행동은 심리적인 요인에 더 많은 영향을 받기 때문입니다.

부동산 투자는 정답이 없습니다. 부동산 투자는 유행을 타지 않아야 합니다. 부동산 투자는 규제가 바뀌어도 흔들리지 않아야 합니다. 이제 기본으로 돌아가야 합니다.

아이리

1장.

평범한 월급쟁이, 부동산에 눈 뜨다

3장.

시장은 왜 예상대로 움직이지 않는가?

1장.
평범한 월급쟁이, 부동산에 눈 뜨다

월급으로는 원하는 아파트를 살 수 없다

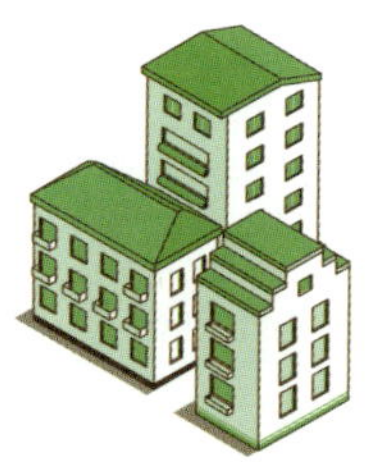

무섭게 생긴 학원 원장님 앞에서 시범강의를 한 뒤에 합격을 했다. 신도시에 위치한 입시전문학원이었다. 중학교 1학년부터 고등학교 3학년까지 영어 수업을 담당하게 되었다.

영어강사로 첫 사회생활을 시작한 때는 2006년 봄이었다. 오후 5시에 중학교 1학년 수업을 시작으로 고3 수업까지 끝내면 새벽 2시에 마무리되었다. 수업을 시작한 지 한 달쯤 지나자, 원장님은 1만 원권 지폐가 가득 든 하얀 봉투를 내밀었다. 첫 월급은 150만 원이었다. 1년이면 1,800만 원이고, 5년이면 1억 원에 달하는 큰돈이었다. 학생 수가 늘어나서 월급이 오르면 금방 부자가 될 것만 같았다.

늦은 오후에 출근해 새벽에 퇴근했지만 정해진 시간에 출퇴근하는 월급쟁이 생활은 안정감을 줬다. 아르바이트에서 벗어나 어딘가에 소속되었다는 사실에 만족했다. 매달 받는 월급으로 앞으로의 미래를 계획할 수 있게 되었다. 열심히만 하면 모든 것이 알아서 잘 해결될 것이라고 생각했다.

하지만 현실은 달랐다. 학원은 번창하고 있는데 어째선지 나는 점점 가난해졌다. 원장님은 단독주택으로 이사를 가고, 부원장님은 차를 바꿨는데 나는 그대로였다. 최대한 아끼면서 월급 대부분을 저축했지만 형편은 크게 나아지지 않았다. 이런 속도라면 부자가 되는 건 애초에 어려워 보였다. 집도 마련하고 결혼도 해야 하는데 앞이 캄캄했다. 미래의 청사진은 어느새 어둠 속으로 가라앉았다.

그러던 어느 날 경제 뉴스가 눈에 들어왔다. 강남 아파트 시세가 평당 3천만 원을 넘어섰다는 보도였다. 개포동은 평당 3,173만 원, 압구정동은 3,088만 원을 기록했다. 1년 전과 비교하면 각각 평당 698만 원, 976만 원이나 폭등한 결과였다. 놀랍게도 압구정동 아파트는 1년 사이 무려 46%나 올랐다.

'서울 32평형 아파트 사려면 월급 한푼 안 써도 11년 걸려'
'도시근로자, 서울 강남 32평형 아파트 구입 22년 걸려'

이런 자극적인 헤드라인이 눈에 들어왔다.

실제로 월급을 한푼도 쓰지 않고 1년 내내 모아도 강남 아파트 1평을 살 수 없다는 사실을 깨달았다. 그런데 같은 기간, 압구정 현대 아파트 42평을 가진 집주인의 자산 가치는 4억 원이 넘게 뛰어 올랐다.

통계청 자료에 따르면 정규직 월평균 임금은 2006년 8월 190만 5천 원에서 2024년 8월 379만 6천 원으로 약 2배가 올랐다. 그런데 같은 기간 서울 아파트 전용면적 $60m^2$ 초과 $85m^2$ 이하의 m^2당 평균 매매가격은 398만 7천 원에서 1,494만 1천 원으로 4배가량 올랐다. 월급이 2배 오르는 동안 서울 아파트 값은 4배 상승한 것이다. 월급에 비해 집값은 상당히 빠르게 올랐고 그 격차는 나날이 커지고 있는 모습이다.

이후에도 월급과 아파트 값에 대한 기사는 계속 나왔다. 2021년에는 '서울 25평 아파트 구입, 월급 전부 모아도 35년 소요'라는 기사가 나왔고, 2024년에는 '서울 집 사려면 25년⋯ 뉴욕은 12년 걸려'라는 기사가 나왔다. 2025년에는 'MZ세대, 더 이상 내

○ 정규직 월평균 임금 vs. 서울 아파트 ㎡당 실거래 평균가

(단위: 만 원)

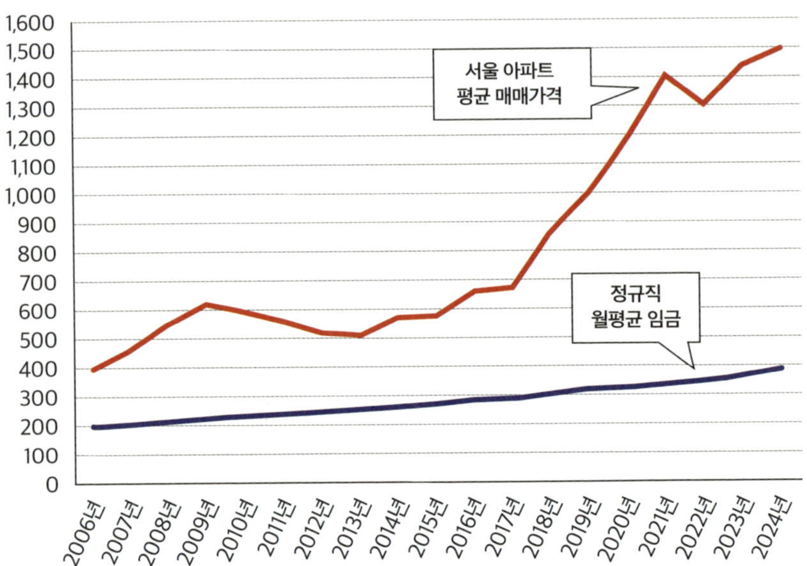

자료: 통계청

집 마련 꿈꾸지 않는다'라는 제목의 기사까지 등장했다.

문제는 이러한 계산도 월급을 전부 모았을 때나 가능한 것이다. 한푼도 쓰지 않고 월급을 전부 모은다는 것은 현실적으로 불가능하다. 기본적인 생활비 지출을 막을 수 없기 때문이다. 2024년 2분

부동산 투자, 기본으로 돌아가라

기 국내 전체 가구는 매월 약 496만 원을 벌어서 381만 원을 쓰는 것으로 조사되었다. 100만 원 벌어서 77만 원을 쓰고 간신히 23만 원을 남기고 있는 것이 현실이다. 무일푼 직장인이 서울 아파트를 사기 위해서는 100년 넘게 일을 해야 한다는 계산이 나온다. 결국 평범한 직장인이 월급을 모아 서울 아파트를 사겠다는 생각은 어리석은 것임을 깨달았다.

현실을 인정하는 데 오래 걸리지 않았다. 월급만 바라보다간 평생 같은 자리일 테니 근본적인 변화가 필요했다.

인플레이션을 이기는 실물자산

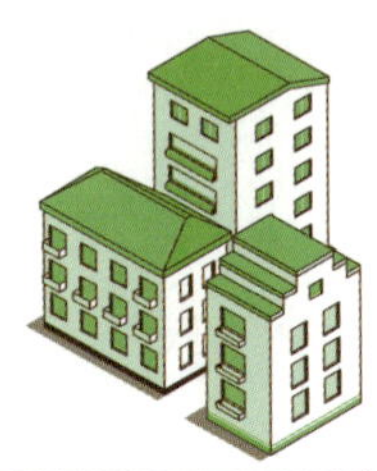

월급은 계속 올랐다. 150만 원으로 시작했던 월급은 200만 원을 넘어섰다. 월급과 함께 물가도 계속 올랐다. 버는 만큼 나가는 돈도 늘어났다. 통장에 돈이 조금씩 모이기 시작하자 아내가 집 이야기를 꺼냈다.

"오빠, 우리도 이제 아파트를 사는 건 어때?"

"아파트? 그 비싼 걸 어떻게 사?"

"지금 집 전세금도 있고, 대출 좀 받으면 1억 원짜리 아파트를 살 수 있잖아."

부동산 투자, 기본으로 돌아가라

“대출? 3천만 원이나 빚을 지자고? 대출 받으면 이자도 엄청 내야 하는 거 아니야?”

“이자는 내지만 그래도 우리 집 하나 정도는 있어야 하잖아? 전세 만기도 곧 돌아오는데.”

“막 경매로 집 넘어가고 파산하고 그런 사람들, 모두 대출 때문에 그런 거잖아.”

투자는 말할 것도 없고, 경제관념도 제대로 갖추기 못했다. 연봉보다 더 큰 금액을 대출받자는 말에 덜컥 겁부터 났다. 월급 대부분이 원리금으로 빠져나간다고 생각하니 마음이 어지러웠다. 하지만 월급을 아무리 모아도 서울 아파트를 살 수 없다는 생각에 마음이 슬쩍 흔들렸다.

그렇게 고민만 하는 사이에 시간은 흘렀다. 아내가 사자고 했던, 1억 원도 하지 않던 그 아파트는 불과 1년 만에 7천만 원이 넘게 올랐다. 7천만 원이면 우리가 3년 동안 한푼도 쓰지 않고 모아야 만져볼 수 있는 엄청난 돈이었다. 아파트 집주인은 그렇게 큰돈을 1년 만에 번 것이다. 만약 그 아파트를 가지고 있었더라면 연봉보다 더 큰돈을 벌었을 것이다.

더불어 물가는 계속 올랐다. 물가가 내려가서 살림살이가 나아

○ 소비자물가상승률

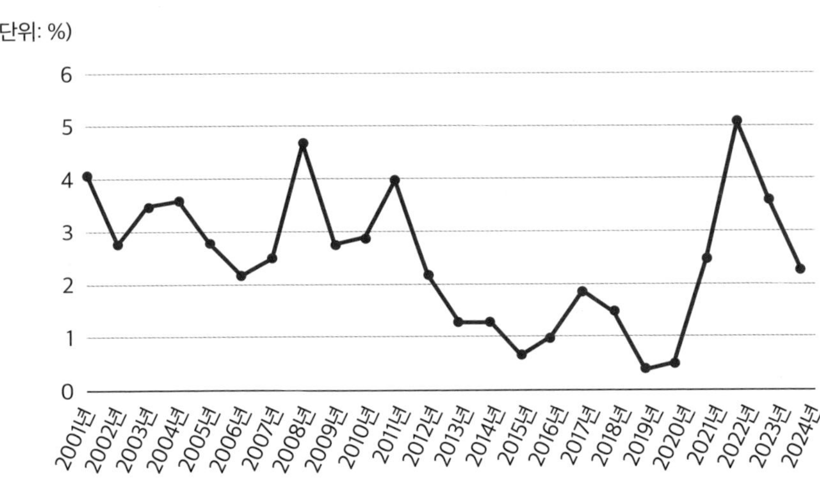

졌다는 뉴스를 들어본 기억이 있는가?

"근데 물가가 오르면 월급도 오르니깐 우리한테 좋은 거 아냐?"

어느 날 아내가 이렇게 물었다.

부동산 투자, 기본으로 돌아가라

"그렇다고 볼 수도 있지. 물가가 5% 오르면 월급도 5% 오를 테니까. 그런데 우리가 1억 원짜리 자산이 있다고 가정해보자. 5% 오르면 500만 원이나 오르겠지? 만약 10억 원짜리 자산이라면 5천만 원이나 오를 테고 말이야."

"인플레이션을 대비해서 아파트와 같은 실물자산을 가지고 있어야 한다는 말이지?"

"그래, 이게 바로 부동산 투자를 해야 하는 이유인 것 같아."

"물가는 왜 계속 오르기만 하는 거야? 언젠가는 확 내리는 날이 오지 않을까?"

"내가 생각을 좀 해봤는데, 꼭 수요가 넘쳐나서 물가가 오르는 건 아닌 것 같아."

"그럼 뭔데?"

"우리가 자본주의 사회에서 사는 이상 물가 상승은 어쩔 수 없는 일인 것 같아."

"자본주의? 그거랑 집값이 오르는 게 무슨 관계야?"

우리가 살고 있는 사회는 자본주의 시스템으로 돌아가고 있다. 돈이 지배하는 세상에 살고 있는 것이다. 이러한 금융 자본주의 시스템의 핵심은 부채다. 이는 곧 사회가 빚을 통해서 움직이고 있다

○ 광의통화(M2)

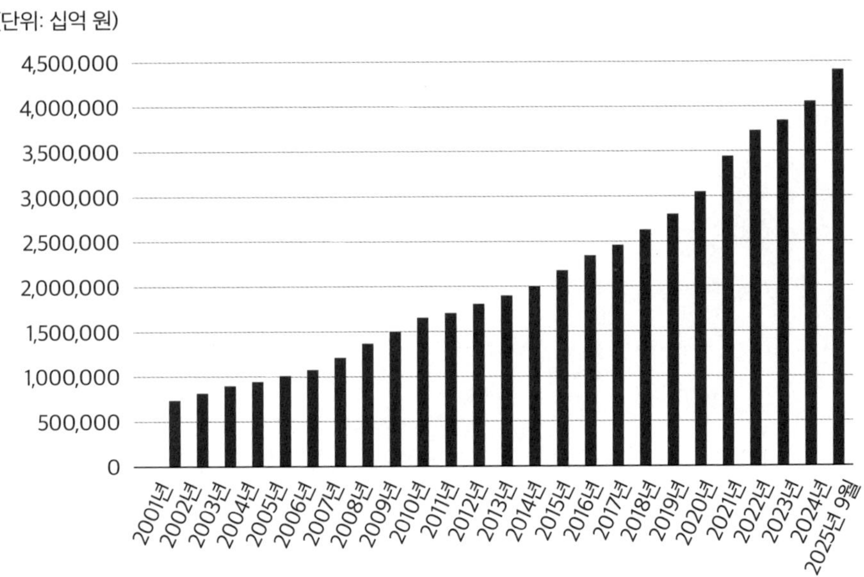

자료: 한국은행, 통계청

는 말과 같다.

빚을 통해서 사회가 돌아가기 위해서는 계속해서 더 많은 돈이 필요하다. 중앙은행은 계속해서 돈을 찍어내야 하고, 이 돈은 부채라는 형태로 사람들 사이로 흘러 들어간다. 예를 들어 코로나19가

심각할 때 뉴스에서 많이 등장한 단어들이 있다. 바로 '양적완화' '통화 팽창' '경기 부양'이다. 시중에 돌아다니는 돈의 양이 늘어났다는 뜻이다.

시중에 돈이 얼마나 있는지는 M2 통화량을 통해서 확인할 수 있다. M2는 대표적인 통화 지표로 현금통화, 요구불예금, 수시입출식 저축성 예금, 만기 2년 미만 정기 예적금, MMF 등을 일컫는다. 2000년 691조 원이었던 M2는 2010년 1,639조 원으로 늘어났다. 10년 동안 약 1천조 원 증가한 것이다.

이후 가파른 상승세를 보였고 다시 10년 만에 약 2배가 늘면서 2020년에는 3천조 원을 넘어섰다. 코로나19 팬데믹을 거치면서 다시 1천조 원이 증가하는 데까지는 불과 3년밖에 걸리지 않았다. 2024년 3월 4천조 원을 넘어섰고, 2025년 9월에는 4,447조 원을 넘어섰다. 서울 아파트 전체의 시가총액이 약 1,732조 원임을 고려할 때, 시중에 돌아다니고 있는 4,447조 원이라는 돈이 얼마나 큰지를 가늠해볼 수 있다.

돈의 양이 많아지면 화폐 가치는 하락하기 마련이다. 같은 물건을 구매하고 같은 서비스를 이용하더라도 앞으로 점점 더 많은 돈을 써야 한다. 작년에는 8천 원을 주고 먹었던 평양냉면이 올해에는 1만 원을 넘어섰고, 이제 2만 원도 먼 일은 아닐 것이다. 버스,

지하철, 택시 등의 대중교통 요금도 올랐다. 전기, 가스, 수도와 같은 공과금의 단가도 올라서 작년과 같은 양을 써도 더 많은 요금이 청구된다. 인건비와 자재비도 올랐다. 아파트 인테리어 공사를 하려면 수년 전에는 평당 100만 원이면 가능했지만, 이제는 평당 300만 원은 기본이 되었다. 33평 아파트 공사 견적으로 1억 원은 생각해야 하는 시대가 된 것이다. 이렇게 시중에 돌아다니는 돈의 양이 늘어나면 화폐 가치가 떨어지기 때문에 물가가 오르고 인플레이션이 발생하고 만다.

인플레이션이 발생할 때 현금을 손에 쥐고 있는 것은 상대적인 손해다. 돈의 가치가 떨어져서 똑같은 1만 원으로 살 수 있는 것이 올해는 작년보다 적고, 내년에는 더 적어질 것이기 때문이다. 매달 받는 월급 역시 현금이기 때문에 인플레이션으로 인한 화폐 가치 하락의 영향을 직접적으로 받는다.

게다가 월급은 안정적이 아니다. 지금이야 매달 꼬박꼬박 입금되기 때문에 마치 평생 계속될 것이라 착각할 수 있다. 하지만 대기업 평균 근속연수는 2023년 기준 13.91년밖에 되지 않는 다. 돈 벌 시간은 생각보다 길지 않다.

결국 인플레이션을 이기는 유일한 방법은 투자라는 결론에 이르게 되었다. 매 순간 가치가 줄어드는 현금으로 실물자산에 투자하는 것이다. 특히 부동산과 같은 가치가 큰 실물자산에 투자하는 것이 하루 빨리 월급쟁이 생활을 벗어날 수 있는 유일한 방법이라고 생각했다.

6번의 투자로 일군 80억대 자산

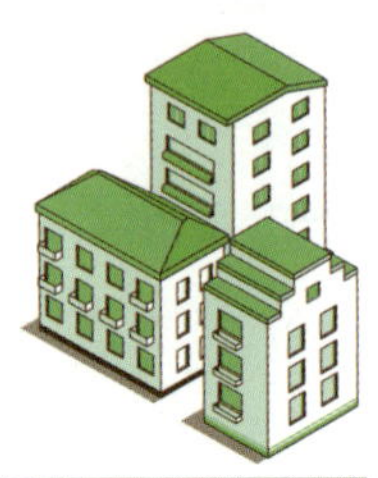

    부동산 투자라는 확실한 목표가 생기고 나니 마음이 조급해졌다. 수십 권의 부동산 투자 관련 책을 읽으면서 투자에 대한 확신을 키워나갔다. 퇴근 후에는 직접 아파트를 보기 위해 서울 전 지역을 돌아다녔다. 부동산에 대한 지식도 없고, 아파트를 보는 눈도 없었기 때문에 처음에는 모든 집이 다 좋아 보였다. 아파트 100채 정도는 봐야지 안목이 생길 것 같았다. 그래서 예산보다 좀 더 비싼 아파트까지 보러 다녔다.

    광화문에 있는 회사로의 출퇴근을 고려해 3호선 라인 서대문구 아파트를 살펴보던 중, 홍제동 유원하나 아파트 28평형이 눈에

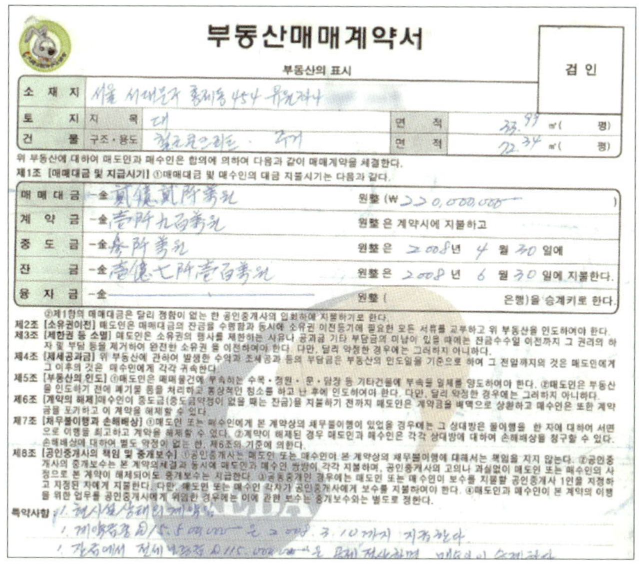

첫 번째 부동산 매매계약서

들어왔다. 비교 대상이었던 3호선 역세권 25평형 아파트보다 1억 원이 저렴했지만 평수는 오히려 더 넓었다. 탁 트인 거실이 마음에 들었고 가성비가 좋다는 생각에 2008년 3월 첫 매매계약서를 작성했다. 매매가는 2억 2천만 원이었고, 만기 1년 남은 보증금 1억 1,500만 원짜리 전세가 들어 있었다. 이자율 8%짜리 아파트 담보 대출 7천만 원과 이자율 12%가 넘는 신용대출까지 더해 1억 원에 가까운 빚이 생겼다.

월급의 대부분을 매달 원리금으로 냈지만 오히려 돈을 버는 것이라고 생각했다. 수개월 사이 아파트 시세가 2억 2천만 원에서 3억 원으로 올랐기 때문이다. 아파트 한 채 샀을 뿐인데 수천만 원의 자산이 늘어나자 생각이 바뀌기 시작했다. 2주택이 되면 속도가 2배로 빨라질 것이고, 3주택이 되면 3배로 빨라질 것이란 생각이 들었다. 부와 경제적 자유로 가는 길이 비로소 눈앞에 펼쳐지는 듯했다.

첫 아파트를 사고 1년이 지난 2009년 3월, 다주택자에 대해 양도세를 완화하는 한시적인 특례법이 생겼다. 다주택에 대한 부담이 사라졌기 때문에 두 번째 투자를 진행하기로 마음먹었다. 마침 동네에서 대장 아파트라고 할 수 있는 서대문구 홍은동 홍은벽산 아파트 24평이 급매로 나왔다는 연락을 받았다. 당시 고층 매물은 2억 5천만 원 정도였고 최고 실거래가는 2억 8,900만 원이었다. 이번에 급매로 나온 1층 물건은 2억 1,500만 원이었고, 게다가 1억 1천만 원 전세가 들어 있어 잔금 1억 500만 원만 준비하면 매입이 가능했다.

그래서 실거주하고 있던 홍제동 아파트로 추가 담보대출을 받아 6,600만 원을 준비했고, 매수하려던 홍은벽산 아파트에서는 후

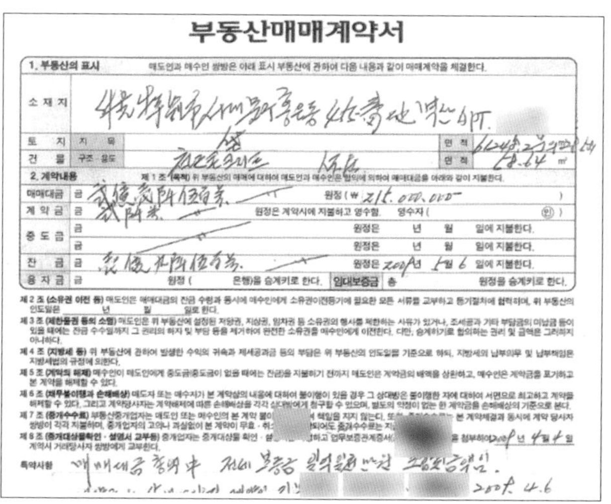

두 번째 부동산 매매계약서

순위 대출로 3,700만 원을 마련했다. 이제 총 대출금은 2억 원으로 올라갔다. 월급의 100배에 해당하는 큰 금액이었지만 생각보다 무섭거나 숨이 막힐 정도로 답답하지는 않았다. 부동산이라는 실물자산에 대한 믿음이 있었기 때문이다. 대출 이자만 버티면 2채의 아파트가 반드시 높은 수익을 줄 것이라 믿어 의심치 않았기 때문이다.

1년이 지나자 홍은벽산 아파트 전세 만기가 되었다. 세입자로부터 전세 보증금 3천만 원을 올려 받았다. 하루아침에 세 번째 투

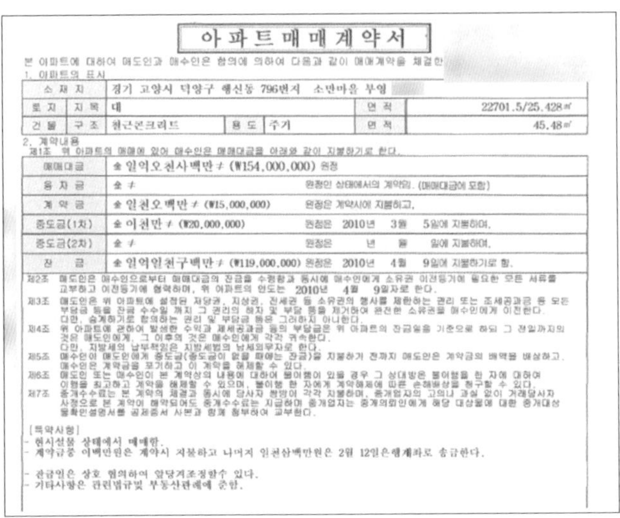

아 파 트 매 매 계 약 서

본 아파트에 대하여 매도인과 매수인은 합의에 의하여 다음과 같이 매매계약을 체결한
1. 아파트의 표시

소 재 지	경기 고양시 덕양구 행신동 796번지 소만마을 부영				
토 지	지 목	대		면 적	22701.5/25.428㎡
건 물	구 조	철근콘크리트	용 도	주거	면 적 45.48㎡

2. 계약내용
　제1조 위 아파트의 매매에 있어 매수인은 매매대금을 아래와 같이 지불하기로 한다.

매매대금	金 일억오천사백만≠ (₩154,000,000) 원정	
융 자 금	金 ≠	원정인 상태에서의 계약임. (매매대금에 포함)
계 약 금	金 일천오백만≠ (₩15,000,000)	원정은 계약시에 지불하고,
중도금(1차)	金 이천만≠ (₩20,000,000)	원정은 2010년 3월 5일에 지불하여,
중도금(2차)	金 ≠	원정은 년 월 일에 지불하여,
잔 금	金 일억일천구백만≠ (₩119,000,000)	원정은 2010년 4월 9일에 지불하기로 함.

제2조　매도인은 매수인으로부터 매매대금의 잔금을 수령함과 동시에 매수인에게 소유권 이전등기에 필요한 모든 서류를
　　　 교부하고 이전등기에 협력하며, 위 아파트의 인도는 2010년 4월 9일자로 한다.
제3조　매도인은 위 아파트에 설정된 저당권, 지상권, 전세권 등 소유권의 행사를 제한하는 권리 또는 조세공과금 등 모든
　　　 부담금 등을 잔금 수수일 까지 그 권리의 하자 및 부담 등을 제거하여 완전한 소유권을 매수인에게 이전한다.
　　　 다만, 승계하기로 합의하는 권리 및 부담금 등은 그러하지 아니한다.
제4조　위 아파트에 관하여 발생한 수익과 제세공과금 등의 부담금은 위 아파트의 잔금일을 기준으로 하되 그 전일까지의
　　　 것은 매도인에게, 그 이후의 것은 매수인에게 각각 귀속한다.
　　　 다만, 지방세의 납부책임은 지방세법의 납세의무자로 한다.
제5조　매수인이 매도인에게 중도금(중도금이 없을 때에는 잔금)을 지불하기 전까지 매도인은 계약금의 배액을 배상하고,
　　　 매수인은 계약금을 포기하고 이 계약을 해제할 수 있다.
제6조　매도인 또는 매수인이 본 계약상의 내용에 대하여 불이행이 있을 경우 그 상대방은 불이행을 한 자에 대하여
　　　 이행을 최고하고 계약을 해제할 수 있으며, 불이행 한 자에게 계약해제에 따른 손해배상을 청구할 수 있다.
제7조　중개수수료는 본 계약의 체결과 동시에 당사자 쌍방이 각각 지불하며, 중개업자의 고의나 과실 없이 거래당사자
　　　 사정으로 본 계약이 해약되어도 중개수수료는 지급하며 중개업자는 중개의뢰인에게 해당 대상물에 대한 중개대상
　　　 물확인설명서를 공제증서 사본과 함께 첨부하여 교부한다.

[특약사항]
- 현시설물 상태에서 매매함.
- 계약금중 이백만원은 계약시 지불하고 나머지 일천삼백만원은 2월 12일은행계좌로 송금한다.

- 잔금일은 상호 협의하여 앞당겨조정할수 있다.
- 기타사항은 관련법규빛 부동산관례에 준함.

세 번째 부동산 매매계약서

자를 위한 종잣돈이 마련되었다. 그 무렵, 지인이 상암동에서 가까
운 고양시 행신동 아파트에 투자해 큰 수익을 냈다는 이야기를 전
해 들었다. 상암동에 100층이 넘는 초고층 랜드마크 건물이 세워
질 예정이라 수혜를 받는 지역으로 행신동이 떠오른 것이다. 행신
동 소만1단지부영 19평 아파트는 매매 1억 5천만 원, 전세 8천만
원 정도의 시세였다.

투자에 대한 자신감이 붙은 상태였기 때문에 2010년 2월 별 고

민 없이 9층 물건을 1억 5,400만 원에 계약했다. 잔금 날짜에 맞춰서 8,500만 원 전세도 구하고, 후순위 대출 3천만 원도 순조롭게 진행되었다. 하지만 세 번째 투자 이후 아파트 시장에 침체기가 찾아왔다. 수년간 시세가 정체되거나 내리는 모습을 보였다. 2012년과 2013년에는 특히 분위기가 좋지 않았다. 조금만 매수 의사를 보이면 그 자리에서 수천만 원이 조정될 정도로 매수자 우위 시장이었다.

다행히도 전세 보증금이 계속 올라 수억 원의 대출금을 모두 상환했고, 이제는 투자의 방향을 바꿀 때가 되었다는 생각이 들었다. 이때부터 강남 아파트를 알아보기 시작했다.

바쁘게 외출 준비를 하고 있던 2014년 11월 주말 아침, 서울 강남구 일원본동에 위치한 수서까치마을 아파트 17평이 3억 4천만 원에 나왔다는 연락을 받았다. 이미 여름부터 시세가 다시 오르고 있었고 3억 6천만 원에도 거래가 되었기에 괜찮은 물건으로 보였다. 당장 이 집을 팔아야 한다는 매도인의 절박한 심정으로 가격이 조정되었고, 결국 3억 600만 원짜리 계약서에 도장을 찍었다. 첫 번째 강남 아파트를 갖게 된 것이다. 보증금 2억 원짜리 전세도 하루 만에 바로 구했다.

실거주하던 홍제동 아파트를 담보로 7,800만 원을 준비했고, 퇴

아파트 매매 계약서

매도인과 매수인 쌍방은 아래 표시 부동산에 관하여 다음 계약 내용과 같이 합의하여 매매계약을 체결한다
부동산의 표시

소 재 지	서울시 강남구 수서동 746 까치마을아파트		
토 지	지 목 대	연 적	36629.8분의24,502㎡
건 물	구조·용도 철근콘크리트.주거	연 적	39.6㎡

계약 내용
제1조 위 부동산의 매매에 대하여 매수인은 아래와 같이 매매대금을 지불하기로 한다.

매 매 대 금	금 삼억육백만	원정(₩306,000,000)
계 약 금	금 삼천만	원정은 계약시에 지불하고 영수함.(영수자:　㊞)
중 도 금	금 일천만	원정은 2014년 12월 15일에 지불하며.
	금	원정은　년　월　일에 지불하며.
잔 금	금 이억육천육백만	원정은 2015년 01월 16일에 지불한다.

제2조 매도인은 매수인으로부터 매매대금의 잔금을 수령함과 동시에 매수인에게 소유권 이전등기에 필요한 모든 서류를 교부하고 이전등기에 협력하여, 위 부동산을 2015년 01월 16일　인도한다
제3조 매도인은 위 부동산에 설정된 저당권,지상권,전세권 등 소유권의 행사를 제한하는 사유가 있거나 제세공과 기타 부담금의 미납금 등이 있을 때에는 잔금 수수일까지 그 권리의 하자 및 부담등을 제거하여 완전한 소유권을 매수인에게 이전한다. 다만, 승계하기로 합의하는 권리 및 금액은 그러하지 아니한다.
제4조 위 부동산에 관하여 발생한 수익과 제세공과금 등의 부담금은 위 부동산의 인도일을 기준으로 하되 그 전일까지의 것은 매도인에게, 그 이후의 것은 매수인에게 각각 귀속한다. 다만, 지방세의 납부책임은 지방세법의 납세의무자로 한다.
제5조 매수인이 매도인에게 중도금(중도금이 없을 때에는 잔금)을 지불하기전까지 매도인은 계약금의 배액을 배상 하고, 매수인은 계약금을 포기하고 이 계약을 해제할 수 있다.
제6조 본 계약상의 불이행이 있을경우 상대방은 불이행한자에대하여 서면으로 최고하고 계약을 해제할수있다. 계약 당사자는 계약해제에따른 손해배상을 상대방에게 청구할수 있다. 별도 약정이없으면 계약금을 위약금으로본다.

네 번째 부동산 매매계약서

직금 중간 정산까지 합쳐서 잔금을 마련했다. 그런데 2억 원에 들어온 세입자가 1년도 되지 않아서 개인 사정으로 이사를 가게 되었다. 그다음 세입자는 2억 6천만 원에 들어왔다. 올려 받은 보증금 6천만 원으로 대출을 상환하고 근저당까지 셀프로 말소했다.

　지금까지는 막연하게 강남 아파트는 너무 비싸고 이제 더 이상 오르기는 힘들다고 생각했다. 조만간 강남 아파트 시세가 크게 떨어질 것이라 믿으며, 알 수 없는 심리적인 거리감 때문에 강남 쪽은 보러 가지도 않았다. 그러나 수서까치마을 아파트 투자로 강남

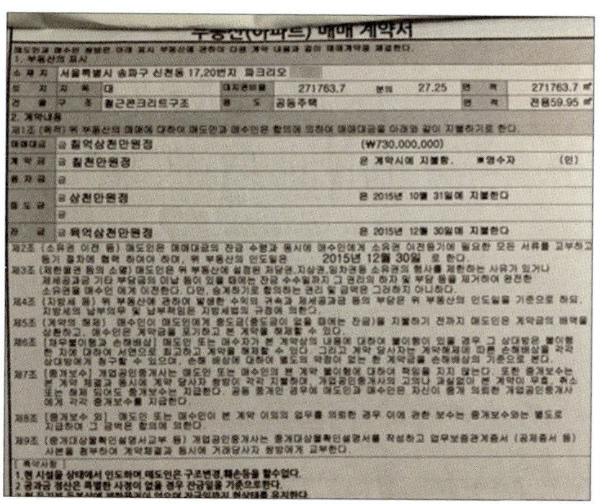

다섯 번째 부동산 매매계약서

아파트에 대한 인식이 바뀌었다. 투자 대상을 넘어서 강남 아파트에 실거주하고 싶다는 생각이 간절해졌다. 그래서 잠원동, 방배동, 우면동에서부터 대치동, 역삼동, 도곡동, 일원동, 잠실, 문정동까지 7억 원 정도 하는 아파트를 알아봤다.

여러 좋은 지역 중에서 지하철 2호선, 한강, 호수, 공원, 백화점, 쇼핑몰, 대형마트, 대학병원 등 인프라가 잘 갖춰진 잠실이 매력적으로 느껴졌다. 잠실 장미 아파트와 파크리오 아파트가 최종 후보지였다. 장미 아파트를 매입해 재건축을 기다리며 소위 '몸테크'를 할지, 신축 아파트에서 살지 끝없이 고민했다. 결국 거실 앞에서 막힘없이 펼쳐지는 롯데월드타워의 웅장한 모습과 지하철 2호선 초역세권의 장점에 반해 파크리오 1단지 26평형을 선택했다.

2015년 9월 잠실 아파트를 계약하면서 5주택자가 되었다. 당시 파크리오 매도인은 7억 800만 원에 매수해 5년간 보유했지만 결국 7억 3천만 원에 매도하게 되었다. 세입자가 집을 보여주지 않아 거래가 지연되었기 때문인데, 매도인 입장에서는 이번 매매를 오래 기다려온 듯했다. 그래서 계약서에 도장을 찍는 과정에서 흔쾌히 중개수수료 500만 원을 대신 내주기도 했다. 마이너스 통장과 수서까치마을 아파트를 담보로 마련한 7,800만 원을 합쳐서 계약금과 중도금 1억 원을 송금했다. 파크리오 아파트에는 만기 1년 남은 세입자가 4억 8천만 원 전세로 살고 있었기 때문에 잔금은 1억 5천만 원이었다. 잔금날에 맞춰서 살고 있는 아파트를 담보로 1억 8천만 원의 대출을 실행하고, 직접 소유권이전등기까지 마무리했다.

8년을 거주했던 홍제동 아파트를 매도하고, 2017년 1월 파크리오로 이사를 가서 잠실 생활을 시작했다. 동시에 홍제동과 홍은동 아파트 매도에도 성공했고, 행신동 아파트는 양도세 기본공제를 고려해 연말에 매도할 계획이었다. 기대했던 용산과 상암 개발 계획이 무산되는 아픔을 경험했기 때문에 이제는 확실하게 진행되는 대

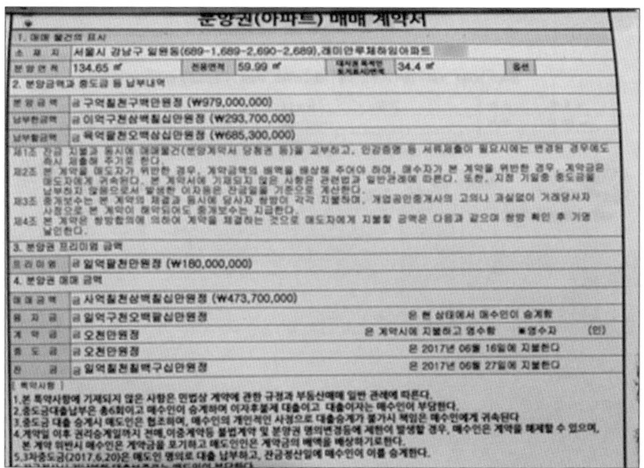

여섯 번째 부동산 매매계약서

형 개발에만 관심을 가졌다. 향후 삼성역, 잠실역, 수서역 일대가 강남의 핵심 지역으로 크게 발전될 것이라 판단했고, 그래서 이들 세지역을 선점하는 것을 목표로 했다.

파크리오 아파트는 잠실 종합운동장 일대에서 진행되는 국제교류복합지구 개발 사업과 잠실역 인근 아파트 재건축 수혜를 예상했다. 수서까치마을 아파트는 백화점이 들어서는 수서역세권개발 수혜를 기대했다. 삼성동 일대에서 공사가 진행 중인 영동대로 복합환승센터와 가까운 곳 중에서, 대규모 신축 아파트가 들어서는 개포택지지구는 분양권 거래가 가능했기 때문에 비교적 소액으로 투자가 가능했다. 그래서 3호선 대청역 역세권 아파트이자 중동중학교, 중동고등학교, 중산고등학교 등 우수한 학군을 자랑하는 래미안개포루체하임 아파트를 매입했다.

래미안개포루체하임 26평형의 분양가는 9억 7,900만 원이었다. 일반 분양으로 당첨된 매도인이 납부한 계약금 10%와 중도금 일부 그리고 프리미엄 1억 8천만 원을 더한 금액으로 계약서를 작성했다. 아파트 건설이 끝나고 입주 시점에 내야 하는 중도금과 잔금은 전세를 들여서 보증금으로 납부할 계획이었다. 분양권 계약에 필요한 2억 8천만 원은 거주 중인 파크리오 아파트를 통해서 마련했다.

이상 6번의 투자 내역을 연대별로 그려보면 다음과 같다. 여기에서 2가지 특징을 발견할 수 있다. 하나는 어떤 사람은 전국을 대상으로 수십 번의 매도와 매수를 감행한 반면, 나는 6번의 단순한 투자로 자산을 불렸다. 전혀 복잡하지 않다. 투자를 하고, 월급과 보증금으로 대출을 갚고, 더 나은 투자처가 있을 때 기존 아파트를 매도했을 뿐이다. 투자는 화려할 필요가 없다. 오히려 지루하게 느껴질 정도로 묵묵히 계속되어야 한다. 심리가 아닌 시간에 투자할 때 성공할 수 있다.

아파트명	2008년	2009년	2010년	2014년	2015년	2016년	2017년	2018년	2025년
유원하나	2억 2천만 원 →					3억 원			
홍은벽산		2억 1,500만 원 →			2억 4,800만 원				
소만1단지부영			1억 5,400만 원 →					1억 9,100만 원	
수서까치마을				3억 600만 원 →					→
파크리오				7억 3천만 원 →					→
래미안개포루체하임							11억 5,900만 원 →		→

다른 하나는 다주택자를 유지하면서 아파트를 장기 보유했다는 점이다. 처음 3번 투자한 아파트(유원하나, 홍은벽산, 소만1단지부영)의 보유기간은 모두 합해 23년 2개월에 달했다. 아파트 1채당 평균 7년 8개월씩 보유한 것이다. 그리고 현재까지 보유하고 있는 세 아파트(수서까치마을, 파크리오, 래미안개포루체하임)의 보유기간은 2025년 12월 기준 모두 합해 28년 10개월에 달한다. 각각 10년 가까이 보유하고 있는 셈이다. 강남 아파트 다주택자라고 하면 세금을 걱정하기 마련이다. 하지만 변화하는 정책에 민첩하게 대응해서 절세 계획을 세우고, 보유세에 대비해 현금을 확보해둔다면 큰 부담 없이 자산을 빠르게 키울 수 있다.

청약에 발목 잡히지 마라

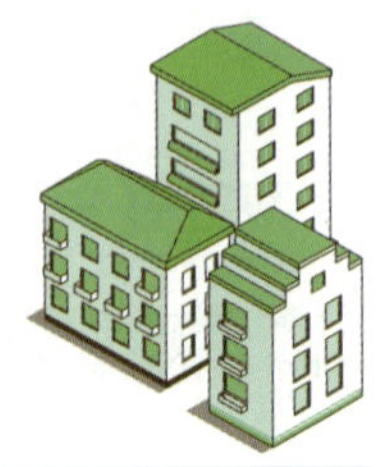

새 아파트를 가장 싸게 사는 방법은 주택청약에 당첨되는 것이다. 무주택 실수요자라면 주택청약 가점제를 통해서 신축 아파트 일반분양에 도전할 수 있다. 주택청약 가점제는 무주택 기간과 부양가족 수 그리고 청양통장 가입기간을 점수화해서 최고 84점을 매긴다.

먼저 주택청약 가점제에서 인정하는 무주택 기간의 시작 기준을 정확히 알아야 한다. 주택을 소유하지 않은 상태로 주민등록등본상 세대주가 되어야 하는데, 이때 만30세가 넘거나 만30세 미만이라면 혼인한 상태여야 한다. 조건이 모두 충족되어야 무주택 기

부동산 투자, 기본으로 돌아가라

○ 주택청약 가점제

항목	세부 기준	최대 점수
무주택 기간	최대 15년 이상	32점
부양가족 수	본인 제외 배우자, 자녀, 부모 등	35점
청약통장 가입기간	최대 15년 이상	17점
총점		84점

간이 시작된다. 무주택 기간은 1년 미만은 2점으로 시작해서 '1년 이상~2년 미만'과 같이 1년 단위로 2점씩 올라간다. 15년 이상일 때 최고 점수인 32점을 확보하게 된다. 단 상속, 증여, 혹은 공동명의로 주택을 보유한 적이 있다면 해당 기간은 무주택 기간에서 제외되기 때문에 주의할 필요가 있다.

부양가족 수의 경우 본인을 제외한 나머지 가족 구성원의 수를 세어야 한다. 기본점수로 5점이 주어지고, 가족 1명당 5점씩 추가되어서 6명 이상일 때 최대 35점을 확보할 수 있다. 부부와 자녀 2명이 있는 4인 가구의 경우 부양가족 점수는 20점이 되는 식이다. 만약 4인 가족에 더해서 친정 부모님을 모시고 살고 있다면 2명이 추가되기 때문에 30점을 확보할 수 있다. 결국 한 집에서 부부가 자녀 3명을 양육하면서 동시에 부모님을 함께 모시고 살아야만 최고 점수인 35점을 받을 수 있다.

국민주택과 민영주택을 공급받기 위해서는 주택청약종합저축 통장을 만들어야 한다. 매월 2만 원 이상 50만 원 내에서 자유롭게 납입할 수 있다. 청약통장 가입기간 점수는 6개월 미만은 1점, '6개월 이상~1년 미만'은 2점, 이후 '1년 이상~2년 미만'과 같이 1년 단위로 1점씩 올라가 15년 이상일 때 최고 점수 17점에 도달한다.

주변에서 무주택 기간 10년, 청약통장 가입기간이 12년, 자녀 둘이 있는 40대 중반 부부를 쉽게 볼 수 있다. 이들의 경우 무주택 기간 24점, 부양가족 수 20점, 청약통장 가입기간 14점을 더해 총점은 58점이다. 참고로 2025년 6월말 기준 주택청약종합저축, 청약저축, 청약부금, 청약예금을 합친 전체 청약통장 수는 2,637만 6,368개이며, 1순위 자격 통장은 1,746만 8,111개다. 주택청약종합저축 통장만 본다면 2,511만 1,729개이고, 이 중 1순위는 1,630만 5,544개나 된다. 서울 인기 아파트 단지의 당첨 가능한 점수 구간은 최소 70점에서 78점 수준으로 알려져 있다. 70점 미만이라면 사실상 서울 밖 수도권을 노려야 가능성이 있다. 자녀 둘을 키우며 무주택으로 지낸 지 10년 된 40대 부부가 58점이니 당첨을 장담할 수 없는 게 현실이다.

○ 서울 일반분양(도시형 생활주택 포함) 세대수

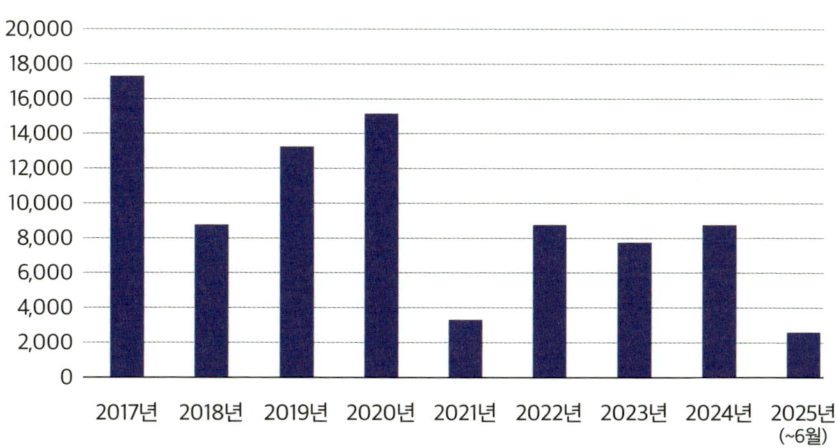

자료: 주택도시보증공사, 통계청

또한 추첨제로 진행되는 특별공급으로 인해서 가점제로 할당되는 물량이 크게 줄어들었다. 특별공급은 다자녀가구, 신혼부부, 노부모부양가구, 국가유공자, 독립유공자 등 정책적 배려가 필요한 사회계층이 집을 분양받을 수 있도록 마련된 제도다. 따라서 1순위 자격 통장만 1,700만 개가 넘는 상황에서 현실적으로 30~40대 가족이 청약을 통해 새 아파트를 분양받기란 매우 어렵다.

게다가 서울에서 공급된 일반분양 세대수를 보면 수요를 감당하기에는 크게 부족한 것으로 보인다. 2017년에 1만 7,269세대, 2020년에 1만 5,161세대가 일반분양 물량으로 나왔지만 최근 5년 사이에 크게 감소했다. 2021년에 3,176세대, 2023년에 7,748세대, 그리고 2025년 상반기에는 2,608세대가 일반분양으로 풀렸다. 도시형 생활주택이 포함된 수치임을 고려하면, 모두가 선호하는 '새 아파트' 일반분양 물량은 매우 제한적임을 알 수 있다.

청약에 대한 기회비용에 대해서도 생각해봐야 한다. 새로운 시도를 했을 때 얻을 수 있는 이익을 놓쳐버리고 있는 것은 아닌지 숙고할 시간이다. 통계청 자료에는 최근 7년 사이 월급이 매년 4.2% 오른 반면, 서울 아파트 매매 실거래가는 평균 12.6% 상승한 것으로 나온다. 언제가 될지 모르는 청약 당첨만을 기다리면서 월급을 모으는 사이 서울 아파트는 3배나 더 빠른 속도로 오르고 있는 것이다. 물론 유주택자가 되면 무주택자로의 지위와 청약 가점을 포기해야 하기 때문에 이것 역시 아까운 기회비용이라고 여길 수 있다. 중요한 것은 변화를 주저하며 현상 유지를 고집하는 태도에도 비용이 들어간다는 사실이다.

따라서 가까운 미래에 청약에 당첨될 확률이 높은지 스스로 검토해봐야 한다. 만약 당첨에 자신이 없다면 새 아파트가 될 구축 아파트에 관심을 두는 것도 한 가지 방법이다. 청약 당첨만 바라보면서 15년 이상 무주택으로 지내며 자산을 키울 수 있는 절호의 기회를 놓치기보단, 20년 차 이상 구축 아파트를 사서 15년 후에 재건축을 기대하는 것이 더 나은 대안이 될 수도 있다.

경제적 자유를 위한 생각의 전환

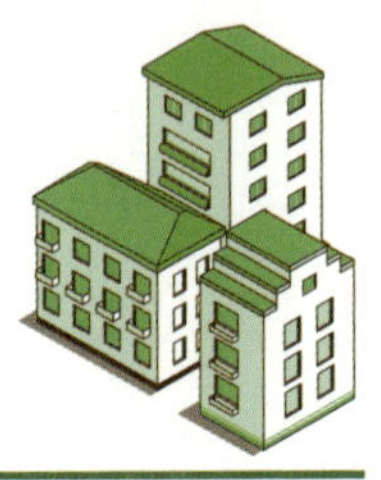

"그런데 은퇴를 하면 매달 생활비는 어떻게 해?"

"대출도 다 갚았으니 원리금 나갈 것도 없고, 생활비는 뭐 있는 돈에서 쓰면 되지."

"그 있는 돈이라는 게 언젠가는 바닥이 날 거 아니야?"

"아니지. 계속 채워지지."

"계속 채워진다고? 돈이 어디서 나서? 월세도 안 받는데?"

2019년 7월, 사표를 내자 아내는 불안감을 느꼈다. 2006년부터 일을 시작했으니 13년이 넘는 동안 약 160번의 월급을 받았다.

부동산 투자, 기본으로 돌아가라

월급을 받아보니 월급에는 노동에 대한 보상은 있지만, 내일에 대한 보장은 없다는 것을 깨달았다. 경제적 자유를 이루기 위해서 아파트 투자를 시작했고, 결국 만39세가 되기 전에 조기 은퇴를 하게 되었다.

파이어족(FIRE; Financial Independence, Retire Early) 또는 경제적 자유를 이루기 위한 방법으로 사람들은 다양한 이야기를 한다. 어떤 사람은 젊을 때 은퇴를 하기 위해서는 수십억 원의 자산이 있어야 한다고 하고, 또 매월 일정하게 발생하는 현금흐름이 준비되어 있어야 한다고 말한다. 그래서 연금, 배당주, 월세, 이자 등으로 은퇴 직전 소득 수준으로 현금흐름을 마련하는 데만 관심이 쏠려 있다. 퇴직 후에는 부족한 생활비를 충당하기 위해 서울 아파트를 팔고 지방으로 가서 지내는 것을 제안하기도 한다.

중소기업 월급쟁이였던 내가 아파트 투자로 강남 한복판에서 경제적 자유를 이루기까지의 과정을 돌아보면, 반드시 바꿔야만 하는 3가지 관점이 있었다.

첫째, 1주택이 최고란 착각이다. 1주택자로서 아파트를 장기 보유할 경우 양도세, 재산세, 종합부동산세 등 부동산 관련 세금에 대한 혜택을 누릴 수 있다. 세금 혜택이란 내야 할 세금을 조금 적게 낸다는 의미다. 하지만 이 말은 나갈 돈을 덜 내는 것이지 결코 자산을 불려준다는 의미는 아니다. 1주택자가 아파트 1채를 통해서 5억 원의 자산이 늘어났다면, 같은 기간 2주택자는 10억 원, 3주택자는 15억 원의 자산을 키웠다는 의미가 된다.

아파트 시세가 오를 때도 1주택자는 함정에 빠지게 된다. 우리 집만 오르는 것이 아니라 옆집도, 앞집도 같이 오르기 때문이다. 특히 이사 가기를 원하는 상급지의 아파트는 오히려 더 크게 올라버린다. 2025년 상반기 마포래미안푸르지오 84타입이 20억 원에서 24억 5천만 원으로 오르는 사이, 잠실엘스 아파트 84타입은 22억 원에서 34억 3천만 원으로 올랐다. 2억 원 정도 차이가 났던 두 아파트의 시세 차이는 불과 6개월 만에 10억 원으로 벌어지고 말았다.

양도세 비과세와 장기보유특별공제, 재산세와 종합부동산세 감면은 자산을 불려주는 장치가 아니다. 경제적 자유를 꿈꾼다면 부동산 보유세에 겁을 먹어선 안 된다. 1주택이 최고라는 생각부터 전환할 필요가 있다. 경제적 자유는 1주택으로는 불가능하다.

둘째, 월세 없이 은퇴는 불가능하다는 착각이다. 은퇴 이후 매달 나가는 생활비를 위해서 꼬박꼬박 들어오는 월세가 최고라고 생각한다. 심지어 월세 세팅이 되지 않으면 은퇴가 불가능하다고 한다. 그래서 오피스텔, 지식산업센터, 생활형 숙박시설과 같은 수익형 부동산에 눈을 돌린다. 하지만 전세도 엄연히 현금흐름이다. 보증금도 월

부동산 투자, 기본으로 돌아가라

세와 같은 개념으로 볼 수 있다. 전세가 오르면 월세가 생긴다. 전세 보증금이 5억 원에서 8억 원으로 오르면, 3억 원의 상승분에 대해서 120만 원의 월세가 생긴다. 혹은 3억 원을 가지고 다른 투자를 할 수도 있고 대출을 상환해서 이자를 줄일 수도 있다. 3억 원에 대한 대출 이자가 4%라면 연간 1,200만 원을 아낄 수 있는 것이다. 물론 전세가 내려갈 경우도 대비해야 한다. 분명한 것은 전세 보증금도 현금흐름과 같다는 생각의 전환이 필요하단 것이다.

셋째, 평생 대출만 갚다가 끝날 것 같다는 두려움이다. 이 부분도 역발상이 필요하다. 화폐 가치가 하락하기 때문에 현금을 가지고 있는 것은 손해다. 대출을 두려워하는 아내에게 나는 다음과 같이 질문했다.

"오늘 은행에서 6억 원을 대출받으면 어떻게 될까?"

"통장에 6억 원이 들어오겠지."

"근데 매년 물가가 3%씩 오른다고 생각해봐. 대출 6억 원의 가치는 어떻게 될까?"

"그만큼 떨어지겠지. 1년 후에는 5억 8,200만 원인 셈이네."

"그래. 매년 3% 화폐 가치가 떨어지면 대출원금 6억 원은 10년 후에는 4억 4천만 원, 20년 후에는 3억 2천만 원, 30년 후에는 2억

4천만 원, 40년 후에는 1억 7천만 원의 가치밖에 되지 않아."

　우리는 분명 6억 원을 빌렸다. 하지만 30년 뒤 이 돈을 갚을 때는 화폐 가치 하락으로 실질적으로 약 2억 원만 갚는 셈이 된다. 예를 들어서 30년 만기 4% 금리로 6억 원을 대출하면 첫 달 원리금은 286만 원이지만, 30년 후 그 금액의 실질가치는 약 110만 원 수준으로 떨어진다.

　금융감독원 통계에 따르면 주택담보대출의 평균 실제 상환 기간은 7년에서 10년 사이다. 많은 사람이 30년 만기로 대출을 실행했지만, 만기를 채우지 않고 절반도 되지 않는 시점에서 조기에 대출원금을 상환하고 있다. 대출원금 액수에 압도되어서는 안 된다. 물가가 오르는 만큼 대출원금의 가치도 그만큼 떨어지고 있기 때문이다. 대출로 인해서 평생 은행의 노예가 된다는 생각을 전환해야 한다. 시간이 흐르면 대출원금의 가치도 줄어든다는 것을 기억해야 한다.

격랑의 시대, 부동산 투자의 향방

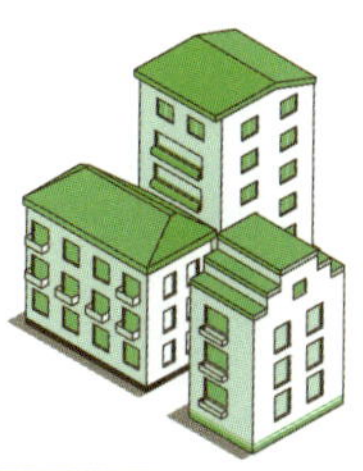

영국 런던으로 향하던 비행기가 갑자기 덜컹거리더니 다급한 안내 방송이 흘러나왔다.

"승객 여러분, 좌석벨트 사인이 켜졌습니다. 저희 비행기는 지금 난기류 지역을 지나고 있습니다. 승객 여러분의 안전을 위해 자리로 돌아가 벨트를 착용해주십시오."

그 순간 비행기가 추락하는 영화가 눈앞을 스쳐 지나갔다. 비상구 위치를 다시 한번 빠르게 확인한 후 좌석벨트를 단단히 조였다.

겁먹은 승객에게 난기류는 금방이라도 비행기가 추락할 것 같은 무서운 상황으로 느껴진다. 하지만 노련한 파일럿에게 난기류는 단순한 공기층의 변화일 뿐이다. 이미 기상 레이더를 통해 난기류 예측과 회피 경로 탐색을 끝냈기 때문에 차분하게 대응하면 된다.

비행 중에 이런 난기류는 언제든지 만날 수 있다. 충분히 예상할 수 있는 자연스러운 현상이다. 난기류가 무서워서 비행을 포기한다면 해외여행, 유학, 출장, 이민 등 비행을 통한 다양한 목적을 이룰 수 없다. 부동산 투자도 마찬가지다. 새로운 정권이 들어서며 연달아 쏟아지는 부동산 관련 대책으로 인해 난기류보다 더 크게 투자자의 마음은 흔들리고 있다.

6·27 대책에서는 수도권 및 규제 지역의 주택담보대출 최대 한도를 6억 원으로 제한했다. 2주택 이상 보유자가 추가 주택을 구입하거나 1주택자가 기존 주택을 처분하지 않고 주택을 추가 구입할 경우 주택담보대출이 금지되었다. 주택담보대출을 이용할 경우 6개월 이내 전입해야 하며, 전세 대출을 통해 주택의 자금을 치르는 방식은 불가능하게 되었다.

9·7 주택 공급 확대 방안으로 인해 규제 지역 내 주택담보대출 LTV 상한은 기존 50%에서 40%로 축소되었다. 주택 매매 및 임대 사업자는 대출을 받기 어려워졌으며, 1주택자의 전세 대출 한도가

2억 원으로 일괄 적용되었다.

이어서 10·15 대책에서는 조정대상지역 및 투기과열지구가 서울 전체로 확대되었고, 경기도 12개 지역까지 신규 지정되었다. 부동산 금융 규제도 강화되었다. 수도권과 규제 지역의 시가 16억 원 이하 주택의 주택담보대출 한도는 6억 원, 시가 15억 원 초과 25억 원 이하 주택은 4억 원, 시가 25억 원 초과 주택은 2억 원으로 차등 적용되기 시작했다. 또 수도권 및 규제 지역 내 주택담보대출에 한해 스트레스 금리를 1.5%에서 3.0%로 상향 조정하고, 1주택자가 수도권과 규제 지역에서 임차인으로 전세 대출을 받는 경우 이자 상환분은 차주의 DSR에 반영된다.

이제 막 부동산 투자를 시작한 초보 투자자라면, 지금의 시장 상황만 보고 마치 곧 추락할 듯 흔들리는 비행기에 탄 승객처럼 두려움을 느끼기 쉽다. 하지만 지난 20여 년간 부동산 관련 정책은 언제나 역동적으로 변해왔다.

1997년 IMF 외환위기를 극복하기 위해 1998년부터 규제가 완화되었다. 민간 택지 분양가 자율화, 전매 제한 폐지, 청약 자격 제한 완화, 재당첨 제한 폐지, 취·등록세와 양도소득세 완화 등이 시행되었다.

2001년 이후에는 양도세 비과세 조건 강화, 투기과열지구 분양권 전매 강화, 재건축 안전진단 강화 등의 정책이 시행됐다. 2003년 이후에도 1가구 3주택 이상 양도세 60%, 1가구 2주택 양도세 50%, 종합부동산세 도입, 분양권 전매 제한, 분양가 상한제 확대, 주택담보대출 강화, 실거래 가격 신고 의무화, 재건축 안전진단 강화, 재건축 조합원 지분 전매 제한 등 강화된 부동산 규제가 이어지면서 투심을 흔들었다.

계속될 것만 같았던 부동산 규제는 2008년부터 완화되기 시작했다. 장기 보유 1주택자 특별공제 80% 확대, 양도세율 인하, 1주택자 양도세 비과세 2년 거주 요건 폐지, 다주택자 양도세 기본세율 과세 및 장기 보유 특별공제 적용이 시행되었다. 양도세 비과세 기준이 9억 원으로 상향되었고, 종합부동산세 과세 기준 9억 원으로 상향 및 세율 인하, 리모델링 연한 15년으로 단축, 임대사업자 양도세 중과 완화, 재건축 안전진단 기준 완화 등도 등장했다.

완화된 부동산 정책은 2013년부터 2017년까지 계속 이어졌다. 기존 주택 양도세 5년간 면제, 리모델링 수직 증축 허용, 취득세율 영구 인하, LTV 및 DTI 70% 일괄 적용, 재건축 연한 30년 축소 등이 시행되었다.

약 10년간 계속된 부동산 완화 정책으로 인해 시장의 과열 양상이 보이자 2017년부터는 다시 부동산 규제가 시작되었다. 세부담 상한율 인상, 공시가격 인상, 주택담보대출 축소, 초고가 아파트 주택담보대출 금지, 보유 기간과 거주 기간에 따른 장기 보유 특별 공제율 적용, 재건축 조합원 2년 이상 거주 요건 추가, 토지거래 허가 구역 지정, 종부세율 최고 6%로 인상, 단기 보유 주택 양도세율 인상, 다주택자 양도세율 인상, 다주택자와 법인 취득세 최고 12%, 단기 임대 및 아파트 장기 일반 매입 임대 폐지 및 임대 의무기간 경과 즉시 자동 등록 말소, 법인 보유 주택의 종합부동산세 과세표준 기본공제 폐지 등이 시행되었다.

2022년부터 부동산 정책은 다시 완화되었다. 다주택자 양도세 중과 한시적 배제, 생애 최초 주택 구매자의 LTV 상한 80% 완화, 재건축 안전진단 기준 완화, 전매 제한 완화, 다주택자 세금 완화 정책이 발표되었다. 그리고 강남3구, 용산구 제외 모든 투기지역, 투기과열지구, 조정대상지역의 전면 해제, 분양가 상한제 실거주 의무 폐지, 중도금 대출 기준 전면 폐지, 다주택자 주택담보대출 금지 폐지 등도 시행되었다.

시장 상황에 따라서 부동산 규제는 한순간에 완화되기도 하고 강화되기도 했다. 변화는 계속될 것이다. 그리고 그 사이에 언제나 기회는 있다. 같은 폭풍도 어떤 사람에게는 파도를 타는 최고의 기회가 되기 때문이다.

어떤 유명 강사의 강연이나 베스트셀러도 앞으로 있을 시험의 정답을 알려주지 못한다. 고득점을 위해서는 기출문제를 통해서 정답을 찾는 사고력과 응용력을 키워야 한다. 그래야만 처음 보는 문제라도 당황하지 않고 유연하게 대처할 수 있다. 단 6번의 아파트 투자를 통해서 80억 원대의 자산을 만들고, 대출 없이 강남 아파트 3채를 보유한 필자의 경험은 정답이 아니라 기출 문제일 뿐이다.

필자의 생생한 부동산 투자 경험은 앞으로 만나게 될 예기치 못한 부동산 상황에 유연하게 대처할 수 있는 힘을 키워줄 것이다. 월급 150만 원으로 시작해서 30대에 조기 은퇴에 성공한 과정을 간접적으로 체득함으로써 근로소득의 불확실성을 깨닫고, 절약하는 습관을 키우고, 긍정적인 투자 마인드를 갖게 될 것이다. 성공적인 부동산 투자를 위한 훌륭한 입지를 선별하는 안목을 높여줄 것이다. 우리의 심리가 실제 투자에 미치는 영향에 주의를 기울임으로써 돌이킬 수 없는 실수를 하지 않도록 안전하게 보호해줄 것이다.

20여 년간 수많은 난기류를 만났지만 매번 안전하게 대처했던 선배의 매뉴얼이 있다면 어떨까? 신입 파일럿이 그 매뉴얼을 볼 수 있다면 비행을 성공적으로 완료하고 목표를 이루는 데 대단히 큰 도움이 될 것이다. 2장과 3장에서 후술할 내용을 매뉴얼로 삼기 바란다.

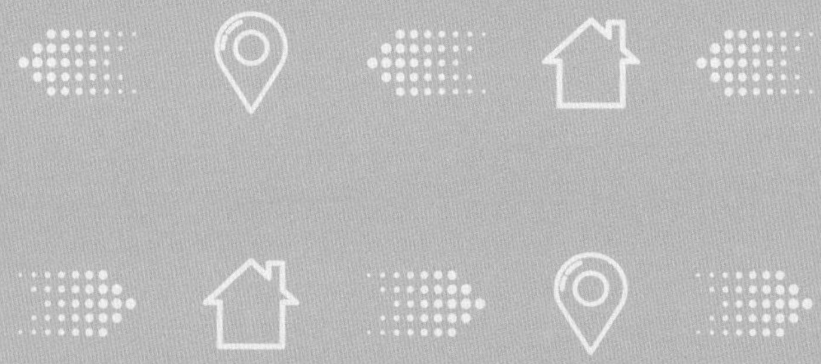

2장.

큰돈 되는 아파트는
따로 있다

입지가
시세를 만든다

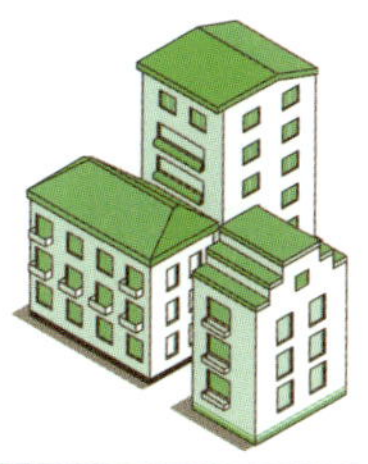

아파트 투자를 할 때 무엇을 가장 중요하게 고려해야 할까? 물론 가격이 가장 중요하다. 아무리 좋은 아파트라고 하더라도 돈이 없으면 살 수 없기 때문이다. 맞벌이를 통해서 지금까지 모은 종잣돈 4억 원에 대출 6억 원까지 더해서 총 10억 원이 있다고 가정해 보자. 30억 원짜리 아파트가 2억 원이나 싸게 급매로 나왔다고 한들 10억 원으로는 매입이 어렵다.

제한적인 예산 안에서 성공적인 아파트 투자를 위해서는 해당 아파트의 입지를 가장 먼저 분석해야 한다. 아파트 입지가 중요한 이유는 현실적으로 매수 가능한 범위 안에 있는 여러 아파트 중에서 가장 뛰어난 가치를 지닌 곳을 분별해야 하기 때문이다. 입지분석은 아파트의 투자 가치를 확인하고 검증하는 중요한 과정이다.

온라인으로 옷을 사고 시장에 가서 과일을 살 때도 같은 가격이라면 최저가 검색을 하고, 가격이 비슷하면 더 싱싱해 보이는 과일을 고르는 것이 합리적이다. 하물며 수억 원에서 수십억 원이나 하는 아파트 투자라면 두말할 필요도 없다. 1만 원짜리 물건을 사는 것과는 비교가 되지 않을 정도로 꼼꼼하게 분석하고 깊은 고민이 필요하다.

시세가 비슷하면 입지도 비슷하다고 여길 수 있다. 시세에는 이미 입지가 반영되었다고 생각하기 때문이다. 입지분석이 중요한 이유가 바로 여기에 있다. 비록 지금은 입지가 비슷해 보여도 시간이 지나면서 아파트를 둘러싼 내외부적인 요인에 변화가 생긴다. 그로 인해 시세가 벌어지게 되고 따라잡을 수 없는 큰 차이가 발생하곤 한다. 그 변화가 시작되기 전에 미리 미래 가치가 높은 아파트를 선점한다면 성공적인 투자가 가능하다.

예를 들어 1996년 봄에는 2억 원만 있어도 강남구 압구정동 아파트와 대치동 은마 아파트 중에서 선택할 수 있었다. 좀 더 넓고 깨끗한 신축을 원한다면 지은 지 1년도 되지 않은 중계동 라이프청구신동아 아파트나 준공 3년차인 신림현대 아파트를 선택할

○ 입지에 따른 1996년 상반기, 2025년 상반기 시세 비교

아파트명	1996년 상반기 최고 시세	2025년 상반기 실거래가
강남구 압구정동 한양1차(78T)	2억 원	60억 원
강남구 대치동 한보미도맨션2차(84T)	2억 4천만 원	37억 원
강남구 대치동 은마(76T)	1억 8천만 원	36억 원
노원구 중계동 라이프청구신동아(101T)	2억 1천만 원	11억 8,500만 원
서대문구 북가좌동 DMC한양(105T)	2억 2천만 원	8억 8,500만 원
관악구 신림동 신림현대(119T)	2억 3,500만 원	9억 2천만 원

수 있었다. 시간이 흘러 시세에는 큰 변화가 생겼다. 압구정동의 경우 30배가 올라서 시세차익만 58억 원에 달하며, 대치동 아파트는 약 35억 원의 이익이 발생했다. 반면 북가좌동과 신림동 아파트는 30년 동안 약 7억 원 정도 상승한 데 그쳤다. 이처럼 입지에 따라서 투자의 성공과 실패가 갈리다 보니 부동산 투자 자체가 겁도 나고 망설여지게 된다. 그래서 자꾸 온라인의 불특정 다수가 하는 이야기에 귀가 솔깃해지고 소위 전문가라고 주장하는 사람의 말에 주목하게 된다.

필자도 입지에 대한 기준이 없을 때 성급하게 경기도의 한 아파트를 매수한 경험이 있다. 당시 뉴스에서는 연일 서울 마포구 상암동 개발 소식이 쏟아져 나왔다. 이 지역에 100층이 넘는 초고층 랜드마크 건물이 세워지면 상암동에 밀집된 방송국, 언론사 등으로 출근하는 직원이 늘어날 것이고, 주변 소형 아파트에 대한 수요가 크게 증가할 것이라 기대했다. 그래서 인근 경기도 지역에 투자했는데 결과적으로 실패했다. 이유는 간단했다. 단순하게 '직주근접'만을 생각했기 때문이다.

아파트 입지는 교통, 학군, 역세권 등 몇 가지 요소로만 결정되는 것이 아니다. 한두 가지 기준이 뛰어나다고 해서 모든 사람에게 좋은 물건일 수는 없다. 내가 최우선으로 꼽는 입지 요소가 다른 누군가에게는 전혀 중요하지 않을 수 있기 때문이다. 정확한 입지분석을 위해서는 해당 아파트가 갖고 있는 고유한 특성은 물론, 아파트를 둘러싼 외부 환경의 영향도 고려해야 한다. 아파트 시세는 다각도의 요소가 복합적으로 반영된 산물이기 때문이다.

이제 투자 가치가 높은 아파트에서 공통적으로 발견할 수 있는 입지 요소를 살펴볼 것이다. 각 요소가 아파트 시세에 어떤 영향을 미치는지 살펴보고, 투자 대상 아파트가 그 요소들을 얼마나 충족하는지 비교해본다면 아파트를 바라보는 관점이 완전히 달라질 것이다.

임장, 하려면 제대로 하자

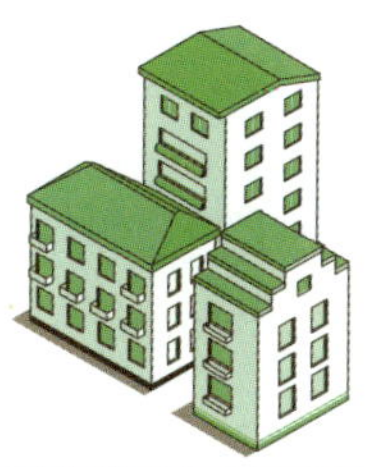

출퇴근길 지하철 안에서 부동산 앱을 보며, 미리 눈여겨본 아파트들의 기본 정보를 살핀다. 여러 공인중개사무소를 거치며 몇 번 속은 이후에는 최저가 매물이 대부분 허위 매물이란 사실도 알게 되었다. 그때부터 집주인 인증 표시가 있는 물건 위주로 살펴봤다. 그러던 어느 날 다른 집보다 7천만 원 정도 싼 매물을 발견했다. 매물 설명에 '저층'이라고 적혀 있어 1층이 아니라 2~3층일 수도 있겠다는 기대를 안고 공인중개사에게 전화를 걸었다.

"네, A부동산입니다."

"여보세요? 인터넷에서 물건 보고 전화드렸는데요."

"어떤 거 보셨어요? 매매세요, 전월세 찾으세요?"

"25평 아파트 7억 3천만 원 물건이요. 아, 매매로요."

"잠시만요. 그 물건은 저층이에요. 1층도 괜찮으세요?"

"아, 1층인가요? 그럼 고층은 얼마 정도 할까요?"

"지금 17층이 8억 1천만 원 부르는 게 있고, 12층은 8억 원에도 있어요. 입주하셔야 하나요? 갭투자시면 월세 들어 있는 걸로 7억 8천만 원 정도로 해볼 만한 물건도 있고요."

"월세 끼고 7억 8천만 원이요? 이거 월세는 얼마인가요?"

"보증금 1억 원에 월 110만 원이네요. 내년 5월 만기라서 싸게 나왔어요. 투자금은 얼마까지 보세요?"

"전세를 끼고 사야 해서 4억 원 정도로 찾고 있어요."

"여기 아파트 보신 적 있으세요? 없으시면 나오세요. 전세 들어간 걸로 보여드릴게요."

"아직 집은 못 봤는데 내일 볼 수 있나요?"

"세입자가 있어서 미리 약속을 해야 하는데, 저녁 7시쯤 괜찮으세요?"

공인중개사와 통화하는 데까지는 성공했다. 초보자라면 이제

부동산 투자, 기본으로 돌아가라

다음이 문제다. 집을 보러 가서 뭘 봐야 할지 막연하기 때문이다. 주변 조언을 듣거나, 관심 있는 여러 사람이 모여서 함께 임장을 가기도 한다. 일종의 임장 모임으로, 모임을 이끄는 사람을 주축으로 4~5명씩 같이 집을 보러 가는 것이다. 이 경우 단체로 몇몇 아파트에 가서 동네 구경도 하고, 집도 살짝 보고 와서는 임장을 했다고 착각한다. 부동산 임장은 남의 동네 구경 가는 것이 아니다. 남의 집 살림살이를 구경 가는 것도 아니다.

제대로 된 임장을 하기 위해서는 사전조사가 필수다. 사전조사를 할 때는 우선 아파트에 관한 기본 정보를 정확하게 아는 것을 목표로 해야 한다. 현재 시세와 최근 실거래가는 기본이고 연식, 세대수, 주차대수, 용적률, 건폐율, 대지지분, 공동주택 공시가격도 확인해야 한다. 부동산 앱과 실거래가 앱에서 어렵지 않게 찾을 수 있는 정보다.

인터넷등기소(iros.go.kr)에서 손쉽게 아파트에 대한 부동산 등기사항증명서를 열람(700원) 및 발급(1천 원)할 수 있다. 부동산 등기사항증명서의 경우 계약 당일에 출력한 문서를 공인중개사가 준비해주는 것이 일반적이다. 하지만 사고를 방지하고 꼼꼼하게 일처리를 하고 싶다면 계약 직전에 모바일로 직접 발급받아서 소유자와 대출, 압류 등의 상태를 다시 한번 확인하는 것이 좋다.

공동주택 공시가격은 부동산공시가격 알리미(www.realtyprice.
kr)에서 간편하게 무료로 조회할 수 있다. 아파트 공시가격을 미리
확인한다면 7월, 9월에 부과되는 재산세와 연말에 납부해야 하는
종합부동산세에 대한 절세 전략을 미리 세워둘 수 있다. 부부 공동
명의로 매수한다고 하면 대부분의 공인중개사는 5:5으로 이해하기
때문에 거래신고를 할 때도 그렇게 신고한다. 하지만 세금을 고려
해서 부부 사이에도 7:3 혹은 9:1과 같은 비율을 설정할 수 있으므
로 사전에 보유세에 대한 대비를 해놓아야 한다.

그리고 정부24(plus.gov.kr)를 통해 건축물대장과 토지대장을 무
료로 확인할 수 있다. 건축물대장에서는 전유 부분 면적과 공동주
택 공시가격을 확인할 수 있다. 소유자의 전체 실명을 확인할 수 있
으므로, 부동산 등기사항증명서에 기록된 내역과 비교해보는 것도
좋다. 토지대장에서 볼 수 있는 개별 공시지가와 대지권 비율을 통
해 아파트가 세워진 토지의 가치를 짐작해볼 수 있다.

이이서 취득세, 재산세, 종합부동산세, 양도세, 대출 이자까지
계산해서 정확한 수치로 알고 있는 것이 중요하다. 오늘 당장 이 아
파트를 매수할 경우 앞으로 얼마의 세금이 나오고, 대출에 따른 원
리금을 매달 얼마나 부담하게 될지 계산해야 한다. 급매라고 판단
되면 즉시 계약금을 보내겠다는 마음가짐으로 진지하게 집을 봐야

하는 것이다.

이렇게 사전조사한 내용을 바탕으로 현장을 직접 방문해서 비교하고, 실제 매물을 살펴보면서 상태를 확인해야 임장을 제대로 했다고 볼 수 있다. 입지분석과 사전조사도 하지 않고 집을 보러 가면 현장의 분위기에 휩쓸려 나도 모르는 사이 계약금을 보내게 되는 경우가 발생한다. 정신을 바짝 차려야 한다.

이제 아파트 실내로 들어서면 수리할 곳이나 하자는 없는지 살펴봐야 한다. 수리가 필요한 부분은 대부분 주방과 욕실에서 발견되기 때문에 현관에서부터 거실, 주방, 욕실, 방, 베란다 순서로 살펴보면 시간을 아낄 수 있다. 우선 전체적인 거실 뷰, 채광, 통풍 상태를 확인한다. 결로와 누수를 확인하기 위해서 거실과 각 방의 천장, 베란다 구석까지 꼼꼼하게 봐야 한다. 베란다 외부 창과 바닥 마루를 교체할 필요는 없는지도 살펴본다.

임장은 남의 집에 이삿짐 견적을 내러 가는 것이 아니다. 살림살이로 인해서 시야가 분산되거나 집중력이 흐트러질 수 있기 때문에 주의가 필요하다.

아파트 경사는
시세도 기울인다

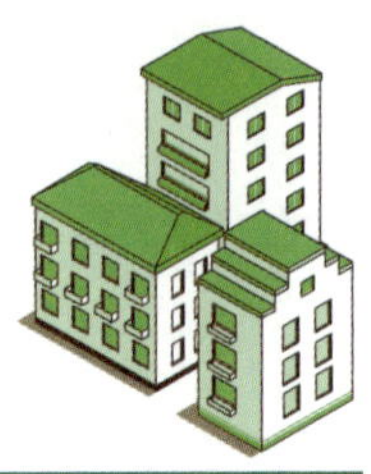

　서울의 전체 면적은 약 605km^{2}이고, 이 중 산이 차지하는 비중은 60% 이상이다. 실제로 서울에는 북한산, 관악산, 도봉산, 수락산, 청계산, 인왕산, 안산, 남산 등 크고 작은 산과 구릉이 있다. 경사지 또는 구릉지에 지어진 아파트가 많은 이유가 바로 이 때문이다. 특히 은평구, 서대문구, 마포구, 중구, 성북구, 성동구, 관악구, 동작구 등의 지역에서 경사지에 지어진 아파트를 쉽게 볼 수 있다.

　내가 처음으로 마련한 신혼집은 마포구 염리동에 위치해 있었다. 5호선 공덕역에서 마포현대 아파트가 보일 때까지 구불구불한 언덕길을 따라 올라간 다음, 잠시 숨을 고른 후 다시 가파른 길을

　　　　　　　부동산 투자, 기본으로 돌아가라

한참 더 올라가야 만날 수 있는 집이었다. 날씨가 좋은 계절에는 그래도 운동이라고 생각하면서 다녔기 때문에 괜찮았다. 하지만 폭염이 계속되는 여름이나 쌓인 눈이 빙판으로 변하는 겨울에는 언덕을 오르내리기가 쉽지 않았다. 그때부터 만약 나중에 아파트를 산다면 평지 위에 지어진 곳을 사야겠다고 마음먹었다.

경사지에 위치한 아파트는 같은 거리여도 도보로 걷는 시간이 평지보다 오래 걸리기 때문에 선호도가 낮은 편이다. 게다가 차량이나 지하철로의 접근성이 평지에 지어진 아파트보다 다소 떨어지기 때문에 자연스럽게 시세 차이가 발생한다.

서울 마포구의 공덕역, 애오개역 주변에는 경사지에 들어선 아파트가 많다. 대표적으로 마포현대, 공덕현대, 래미안공덕3차, 래미안공덕4차, 래미안공덕5차, 신공덕삼성래미안3차, 브라운스톤공덕 등이다.

예를 들어 만리재로 언덕에는 2003년에 준공된 신공덕삼성래미안3차가 있다. 지하철 6호선 공덕역에서 아파트 단지 입구까지 약 500m 거리밖에 되지 않는다. 걸어서 7분 이내에 도달할 수 있기 때문에 이 부분만 보면 굉장히 좋은 입지로 보인다. 하지만 이 아파트는 평지가 아니라 언덕에 위치해 있다. 그래서 지하철역에서부터 상대적으로 도보 접근성이 약한 편이다. 이 아파트의 84타입

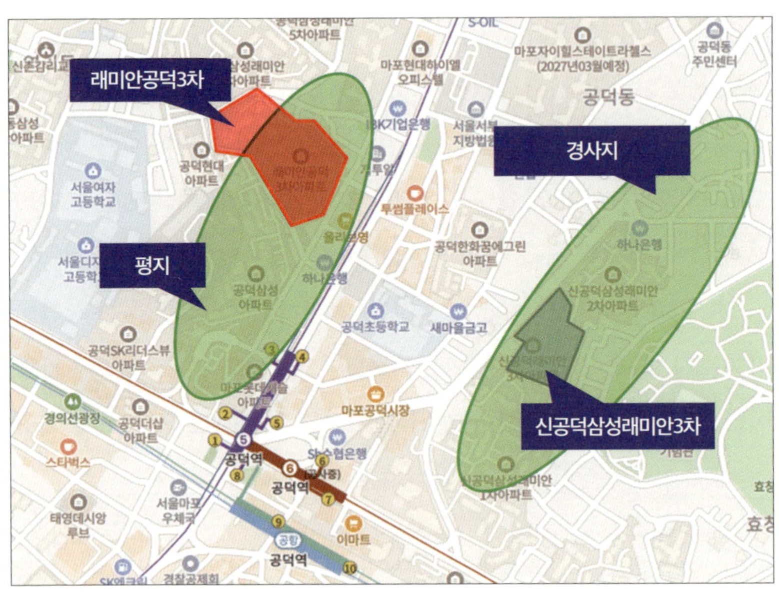

평지에 위치한 래미안공덕3차, 경사지에 위치한 신공덕삼성래미안3차

은 2025년 9월 16억 4천만 원을 기록했다.

반면 래미안공덕3차 아파트는 2004년에 마포대로를 따라서 평지에 세워졌다. 상대적으로 지하철을 걸어서 이용하기에 쉽고, 마포대로를 통한 서울 도심이나 여의도 방향으로의 이동도 용이하다. 이곳의 84타입 15층 물건은 같은 시기 19억 5천만 원을 기록했다. 입주 시기가 비슷하고 동일한 건설사의 브랜드 아파트지만 전용면

부동산 투자, 기본으로 돌아가라

아파트명	준공/세대수	입지 특징	매매 실거래가 (2025년 6월 기준)
벽산블루밍1차	2005년 7월 /2,105세대	경사지에 위치	8억 5천만 원
두산	2000년 12월 /2,001세대	평지에 가까운 완만한 지대에 위치	10억 5,800만 원

적이 같음에도 평지에 조성된 아파트가 3억 원 이상 높게 거래된 것이다.

이번에는 관악구 아파트를 살펴보자. 벽산블루밍1차는 2005년에 준공된 2,105세대 대단지 아파트다. 아파트 단지 전체가 경사지에 위치해 있으며, 단지 정문에서 멀어질수록 경사가 심해진다. 단지를 가로지를 수 있는 계단이 있지만 평지와 비교하면 부담이 되는 것이 사실이다. 이 아파트의 84타입 16층 물건은 2025년 6월 8억 5천만 원에 거래되었다.

한편 벽산블루밍1차 남쪽으로는 두산 아파트가 있다. 역시 2,001세대 대단지 아파트로 벽산블루밍1차보다 5년이나 더 빠른 2000년에 준공되었다. 아파트 단지는 평지에 가까운 비교적 완만한 구릉지에 위치해 있다. 아파트 입구에서 평지로 이어진 길을 따라 5분 정도 걸어가면 2호선 봉천역을 쉽게 이용할 수 있다는 장점도 있다. 이 아파트의 84타입 23층 물건은 같은 시기에 10억 5,800만 원에 거래되었다. 벽산블루밍1차 아파트에 비해 두산 아파트가 연식이 5년 더 오래된 구축임에도 시장에서는 이곳의 가치를 2억 원 높게 평가했음을 알 수 있다.

한편 같은 아파트 단지 내에서도 해당 동이 평지에 있는지, 경사지에 있는지에 따라 시세가 달라지기도 한다. 서대문구 홍제동에 위치한 768세대의 문화촌현대 아파트의 경우 101동에서부터

○ 경사도에 따른 동별 시세 비교

아파트명	정보	매매 실거래가	입지 특징
문화촌현대	101동 9층	6억 5천만 원 (2025년 6월)	경사지 초입
	101동 5층	6억 4천만 원 (2025년 5월)	
	104동 5층	5억 9,500만 원 (2025년 6월)	경사지 후반부
	104동 6층	5억 9천만 원 (2025년 5월)	

부동산 투자, 기본으로 돌아가라

104동으로 갈수록 경사가 점점 심해지는 지형에 위치해 있다

2025년 5월과 6월 사이 이 아파트 59타입과 84타입의 실거래 내역을 보면 다음과 같다. 먼저 59타입의 경우 101동에서 6억 5천만 원, 6억 4천만 원 등의 거래가 있었지만, 104동에서는 5억 9천만 원과 5억 9,500만 원에 거래가 이뤄졌다. 84타입의 경우 101동에서 7억 5천만 원 매매가 있었지만, 104동에서는 6억 9,500만 원에 새로운 주인을 만났다. 같은 단지의 같은 전용면적의 아파트임에도 조금이라도 경사가 덜한 곳은 각각 10%와 8% 높은 시세를 형성하고 있다.

평지에 지어진 아파트는 경사지에 위치한 아파트에 비해 시세 외에도 다음과 같은 장점을 보유하고 있다.

1. 뛰어난 안전성

평지 아파트는 안전사고로부터 비교적 자유롭다. 한때 인왕산 자락에 위치해 있어 단지 내에 경사가 심한 아파트에 거주한 적이 있다. 아파트 단지 입구부터 시작되는 짧지만 가파른 경사가 매년 겨울에 큰 문제가 되었다. 밤새 쌓인 눈이 빙판으로 바뀌면서 경사를 내려오는 차량이 이중 주차되어 있는 차와 충돌하는 사고가 빈번하게 발생했다. 순간의 방심으로 인해 빙판길에서 넘어지는 입주

민도 상당했다. 꼭 겨울이 아니더라도 경사진 곳에서 자전거와 킥보드를 타는 아이들의 모습은 항상 위태롭게 보였다.

2. 풍부한 편의시설

평지 아파트의 경우 공원과 같은 단지 내 편의시설을 조성하기에 더욱 유리하다. 평지에 위치한 헬리오시티 아파트는 단지 중앙을 가로지르는 약 1km에 이르는 중앙공원으로 유명하다. 파크밴드라 불리는 이 지상공원 주변에는 놀이터, 운동시설, 휴게소 등을 포함해 다양한 테마 정원이 조성되어 있다. 래미안퍼스티지, 파크리오 아파트 등도 단지 내 평지를 적극 활용해 입주민들의 만족도를 크게 높였을 뿐만 아니라 시세에도 긍정적인 요소로 작용하고 있다.

3. 쾌적한 일조권과 조망권

평지에 위치하면 대부분의 세대가 우수한 일조권을 누릴 수 있으며, 뛰어난 조망권을 확보하기에도 유리하다. 경사지 아파트의 경우 경사를 극복하기 위해 인위적인 계단 구간이 존재하기 때문에 그만큼 활용할 수 있는 땅이 좁다. 경사가 적당하다면 문제가 없지만 산 바로 옆에 세워진 아파트는 거대한 옹벽이 존재한다. 실제로 종로구와 서대문구에 위치한 아파트 단지들 중에는 이 옹벽으로 인해 해가 잘 들지 않는 세대가 존재한다. 일조권이 좋지 않으면 개별 세대 내부에서 결로가 생기기도 하고, 진입로가 빙판길이 되는 문제가 발생한다.

4. 보행의 편리함

평지에 있는 아파트는 보행의 편리함에 있어서 경사지와 비교할 수 없는 장점을 지니고 있다. 경사지 아파트에서 거주할 때는 조금이라도 짐이 많거나 급한 일이 생겼을 때 집을 오가는 일이 굉장히 큰 도전으로 느껴졌다. 하지만 평지 아파트로 이사를 온 후에는 이러한 고민이 싹 사라졌다. 오히려 단지 내를 걷는 것 자체가 산책하는 기분이 들 정도였다. 누군가는 작은 차이라고 생각할 수 있지만, 매일 직면해야 하는 불편함이 사라지자 평지 아파트의 가치를 다시 한번 느낄 수 있었다. 특히 휠체어를 이용해야 하거나 거동이 불편한 경우 이 차이를 더욱 크게 실감할 것이다.

고층 동향 VS. 저층 남향

"8층이 2억 8천만 원인데, 1층이 2억 1,500만 원이라고요?"

"원래 1층은 중간층보다 10% 정도 저렴한 편인데, 이 물건은 동향이라서 좀 더 저렴하게 나왔어요."

"그래도 8층하고 6,500만 원 차이면 괜찮은데요, 사장님. 이걸로 계약할게요."

가격이 매력적이라는 이유로 2009년에 아파트 1층을 매수한 경험이 있다. 비록 1층이었지만 8층에 비해 무려 6,500만 원이나 낮은 가격이었다. 같은 평수를 6,500만 원이나 싸게 살 수 있다는

부동산 투자, 기본으로 돌아가라

생각에 사로잡혀 큰 고민 없이 매수를 결정했다. 마음속으로는 이 집의 가치가 로열층과 같다고 생각했다. 분명히 부동산 시장이 좋아지면 로열층 못지않게 괜찮은 가격에 팔 수 있을 것이라 여겼다.

2021년 8월, 해당 아파트 9층 물건은 6억 9천만 원을 기록하며 최고가를 찍었다. 1층임을 고려해서 시세가 그래도 6억 원은 될 것이라고 생각했다. 하지만 1층은 상대적으로 손바뀜이 적고 시세도 부진했다. 다른 1층 집은 그렇게 한동안 거래가 없다가 결국 2023년 6월과 7월에 각각 5억 원과 5억 700만 원에 거래되었다. 중층에 비해서 27%나 낮은 가격으로 팔린 것이다.

문제는 여기서 끝나지 않았다. 시간이 흘러 이제 이 1층 집을 매도해야 하는 시점이 다가왔다. 인근 공인중개사무소에서는 1층 아파트는 꼭 필요한 사람이 있을 때나 팔린다며 거래에 소극적인 모습을 보였다. 향까지 동향이라서 매도까지는 시간이 걸릴 수 있다고 안타까워했다. 결국 집을 내놓은 지 1년 이상이 지나고 나서야 어렵게 매도계약서에 도장을 찍을 수 있었다.

나중에 소위 'RRR'이라 불리는 로열동의 로열층의 로열라인, 즉 가장 좋은 동의 가장 좋은 층 물건을 매수했을 때는 전혀 다른 경험을 했다. 집을 매수하고 나서는 인근 부동산에서 끊임없이 전화를 받았다. 바로 최고가에 매도해줄 테니 물건을 달라는 내용이었다. 전세나 월세로 임대할 때도 언제나 단지 전체에서 최고가를 받았다.

아파트를 매수할 때는 항상 빠듯한 예산으로 진행된다. 예산에서 5천만 원이 부족하고, 딱 1억 원만 더 있으면 하는 아쉬움이 남는다. 그래서 자칫 시세가 저렴한 저층 매물의 유혹에 빠지기 쉽다. 고층보다 워낙 저렴하니 괜찮은 것 같다는 생각이 든다.

아파트 물건의 저층과 고층, 그리고 향과 타입에 따른 시세에는 어떤 연관성이 있을까?

4,066세대 규모로 2020년에 지어진 고덕아르테온 아파트는 2024년 180건이 넘는 매매 거래량을 기록할 정도로 거래가 많은 단지 가운데 한 곳이다. 이 아파트의 84타입 물건의 경우 2025년 5월에 17층이 20억 5천만 원에 거래되었다. 그런데 이 거래가 발생한 지 4일 후에 같은 면적의 2층 물건은 18억 원에 거래되었다. 고층과 저층의 차이가 무려 2억 5천만 원에 달한 것이다. 심지어 2024년 10월에는 9층이 17억 2천만 원에 거래되는 동안 1층은 13억 원에 팔리고 말았다. 고층에 비해서 1층이 약 25% 싸게 거래된 것이다.

송파구의 대단지 아파트 가운데 한 곳인 올림픽훼밀리타운 아파트 전용면적 84타입에서도 고층과 저층 간 가격 차이는 크게 벌어졌다. 2025년 2월에 1층 물건이 18억 5천만 원에 계약된 반면,

부동산 투자, 기본으로 돌아가라

○ 층고에 따른 시세 비교

아파트명	고층 실거래가	저층 실거래가	차이
고덕아르테온	20억 5천만 원(17층)	18억 원(2층)	2억 5천만 원
	17억 2천만 원(9층)	13억 원(1층)	4억 2천만 원
올림픽훼밀리타운	20억 9,500만 원(12층)	18억 5천만 원(1층)	2억 4,500만 원
아크로리버하임	28억 원(13층)	21억 원(1층)	7억 원

며칠 뒤 12층 매물은 20억 9,500만 원에 거래되었다. 고층 물건에 비해서 1층은 약 12% 저렴해야 매도할 수 있음을 알 수 있다.

동작구를 대표하는 아파트라고 할 수 있는 아크로리버하임 아파트에서는 저층과 고층의 시세 차이가 더욱 두드러지게 나타나고 있다. 전용면적 84타입의 경우 2025년 2월에 1층이 21억 원에 매도되었다. 그런데 같은 시기 19층은 25억 원에, 13층은 28억 원에 팔리면서 저층과의 시세 차이를 더욱 크게 벌려놓았다.

물론 저층을 싸게 사서 싸게 파는 것도 하나의 투자 전략일 수 있다. 하지만 아파트 저층 세대는 차량과 오토바이 등의 출입으로 소음에 취약할 뿐만 아니라 사생활 침해, 도난 등의 문제에도 쉽게 노출된다. 일부 노후화된 아파트에서는 겨울철 베란다 역류 문제가 발생하기도 한다. 따라서 1층 아파트가 꼭 필요한 어린 자녀나 고령자를 동반한 가족이 아니라면 실수요가 부족하기에 환금성 문제가 생길 수 있다. 꼭 필요한 시기에 매도를 하지 못하면 결국 가격을 내려 급매로 내놓아야 하기 때문에 투자자라면 저층을 피하는 것이 현명하다.

아파트를 매수할 때 결정해야 하는 또 다른 요소는 향과 뷰다. 향은 기본적으로 남향과 남향을 품고 있는 남동향, 남서향이 선호된다. 남향이 가장 선호되는 이유는 무엇보다 일조권이 우수하기 때문이다. 남향의 경우 여름에는 해가 거실 끝에만 살짝 걸칠 정도로 짧게 들어오는 장점이 있어 실내가 대체로 시원하다. 그리고 겨울에는 해가 거실을 지나 주방까지 길게 들어오기 때문에 집 안이 항상 밝고 따뜻하다. 또 통풍도 원활해서 시원하게 환기를 시키기에도 좋다.

나 역시 빨래가 잘 마르지 않는 북향과 하루 종일 어두컴컴했던 동향 저층에서 산 경험이 있다. 그러다 남서향 고층으로 이사를 가게 되었는데, 처음 느끼는 남향의 놀라운 능력에 매우 감격했던 기억이 있다.

최근에는 더 많은 세대가 남향을 누릴 수 있도록 남동향·남서향

○ 향에 따른 트리지움 가격 비교

향	매물 정보	실거래가
남동향	322동 19층	27억 8천만 원
	322동 26층	27억 8천만 원
	320동 20층	28억 3천만 원
	317동 19층	28억 8천만 원
남서향	327동 21층	27억 2천만 원
	345동 26층	28억 6천만 원
	326동 27층	28억 9천만 원
	328동 22층	29억 원

으로 배치하는 아파트도 많이 늘어났다. 남동향 아파트에 사는 한 지인은 남동향의 밝은 분위기가 생활에 활력을 준다고 말한다. 남동향뿐만 아니라 남향의 장점과 더 오랜 시간 햇빛을 즐길 수 있는 남서향 역시 어린 자녀를 키우는 가정에서 선호도가 높다.

송파구에 위치한 3,696세대의 트리지움 아파트는 판상형과 타워형이 모두 존재하기 때문에 같은 면적이라도 남동향과 남서향으로 구분된다. 하지만 2025년 3월부터 5월 사이에 거래된 전용면적

84타입 실거래 내역을 보면, 남동향과 남서향에 따른 가격 차이가 크지 않음을 알 수 있다.

아파트를 선택할 때 조망권 역시 중요한 요소로 여기게 되었다. 거실 밖으로 자연이 보이는 탁 트인 개방감을 즐길 수 있는 아파트는 최적의 주거 여건을 제공한다. 거실에서 앞 동의 뒷면만 보이는 아파트가 많아 한강, 산, 공원, 호수, 도심의 스카이라인이 보이는 뷰가 우수한 아파트는 여전히 매력적이다. 하지만 압구정, 반포동, 청담동 등 한강 뷰가 보이는 특수한 경우를 제외하면 같은 아파트 단지 내에서 뷰에 따른 시세 차이는 매수자의 개인적인 선호도가 반영되는 정도로 보인다.

강남구 개포동에는 1,957세대의 래미안블레스티지 아파트가 있다. 단지 남쪽 일부 동은 거실에서 대모산의 웅장한 뷰를 즐길 수 있는데, 특히 214~218동의 뷰가 인상적이다. 그런데 전용면적 59타입 최고 실거래가는 2025년 6월 222동 11층에서 기록되었다. 가격은 26억 8,500만 원이었다. 222동은 아파트 단지 안쪽에 위치해 상대적으로 뷰가 평범하다. 그나마 고층이라면 사선으로 대모산 전망을 어느 정도 감상할 수 있겠지만 최고가를 기록한 매물은 중층 수준이었다.

한편 대모산 전망을 즐길 수 있는 217동은 2025년 2월에 23억

파크리오 조망권에 따른 동별 가격 비교

8천만 원에 거래되었다. 뷰에 대한 프리미엄을 감안하면 222동에서 기록한 최고가 이상으로 거래되어야 맞지만 영향은 미미했다. 단지 내 생활의 편리함과 양재대로의 소음 문제 등이 시세에 영향을 미친 것으로 짐작된다.

송파구에는 43만 평이 넘는 올림픽공원을 내려다볼 수 있는 아파트가 있다. 바로 파크리오 아파트다. 특히 312동, 313동, 316동, 317동에서는 사계절 시시각각 변하는 올림픽공원의 아름다운 절경을 감상할 수 있다. 과연 실거래가에도 이런 매력적인 요소가 반영되었을까?

2025년 5~7월 중에 기록된 전용면적 84타입의 실거래가를 보면 단지별 시세 차이를 확인할 수 있다.

지하철역과 가까운 109동과 113동에서는 각각 29억 2천만 원, 30억 원에 매매 거래가 체결되었다. 이어서 단지 중앙에 위치한 2단지에서는 25억 8천만 원(228동), 25억 원(229동)에 거래가 체결되었다. 그리고 2호선 지하철역과의 거리가 상대적으로 먼 3단지에서는 309동과 313동에서 각각 24억 7천만 원에 거래가 이뤄졌다.

지하철 2호선 잠실나루역 역세권 아파트 파크리오의 경우 아파트 단지 좌우 길이가 약 1km에 이른다. 그래서 올림픽공원과 가까운 3단지에서 잠실나루역을 이용하기 위해서는 약 15분을 걸어야 한다. 지하철 2호선 초역세권에 해당하는 1단지의 시세가 높게 나타났음을 실거래가를 통해 명확하게 볼 수 있다. 지하철역까지의 거리가 시세에 큰 영향을 주고 있는 것이다.

마지막으로 아파트를 선택할 때 고려해야 하는 부분은 평면, 즉 타입이다. 한 아파트 단지 내에서도 같은 면적이지만 여러 타입이 존재하는 곳을 많이 볼 수 있다. 성동구 하왕십리동에는 2,529세대 센트라스 아파트가 있다. 이 아파트 전용면적 84타입의 평면은 8개다. 그럼 같은 면적의 아파트의 경우 타입에 따라서 시세 차이가 있을까? 동일한 면적의 4개 타입의 특징과 시세를 비교해보자.

타입에 따라서 구조적인 특징이 미세하게 다른 것을 볼 수 있다. 111A 타입은 4베이 구조다. 방 3개에서 모두 훌륭한 채광을 즐길 수 있다. 하지만 주방에 창이 없기 때문에 시원한 환기를 원하는 수요자에게는 선호도가 약할 수 있다. 이 타입은 2025년 6월 19층 매물이 20억 원에, 그리고 11층 매물이 19억 5천만 원에 거래되었다.

116G 타입은 2베이다. 방 2개가 뒤쪽으로 배치되어 있다. 따라서 거실이 남동향, 남서향과 같이 남향을 끼고 있다면 나머지 방은 북서향, 북동향과 같이 북쪽으로 배치되는 구조다. 일조량에 있어서 다소 아쉬움이 남을 수밖에 없다. 이 타입의 실거래가는 11층에서 거래된 19억 5천만 원이다.

116H 타입은 3베이 구조다. 주방과 거실이 인접하게 구성되어 동선이 편리하도록 설계되었다. 주방 뒤편의 작은 방은 거실과 떨어져 있기 때문에 조용한 공부방으로 활용하기에 좋고, 거실 쪽 작은 방에는 2개의 면에 창이 있기에 시원한 개방감을 제공한다. 이 타입은 2025년 5월 21층 물건이 19억 5천만 원에 매도되었다.

110I 타입은 안정감을 주는 일반적인 3베이 구조를 가지고 있다. 인테리어를 할 때에 확장성이 좋으며 집을 보다 넓게 사용할 수 있는 장점을 지닌 평면이다. 2025년 6월에 각각 21억 원(22층)과

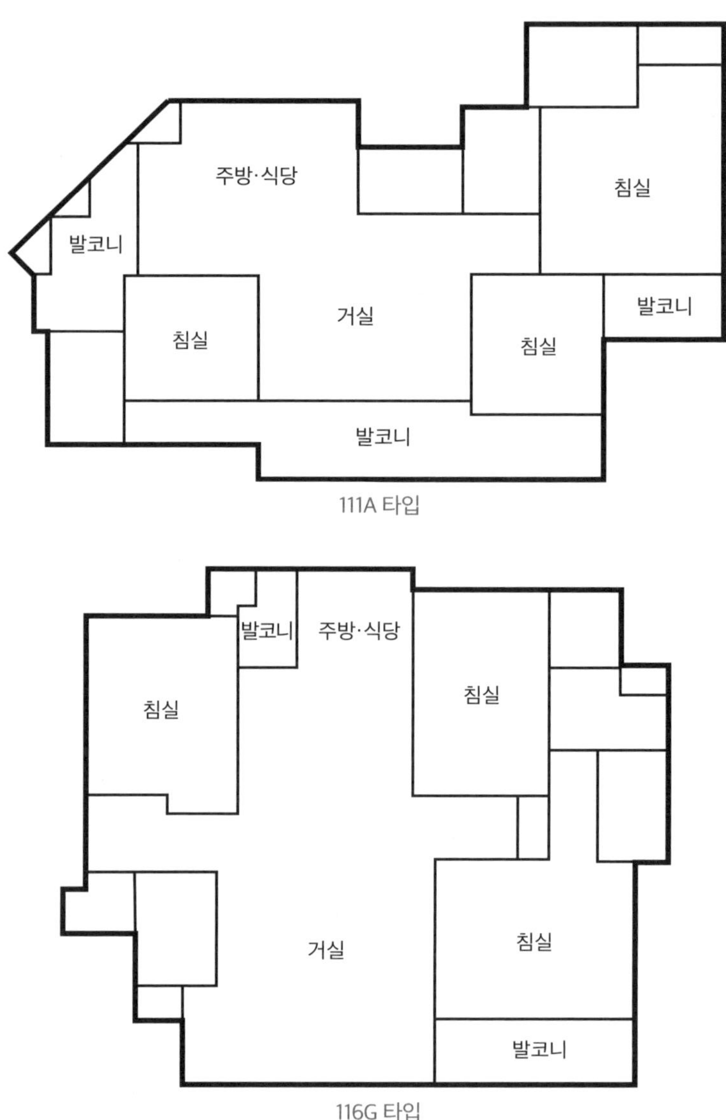

부동산 투자, 기본으로 돌아가라

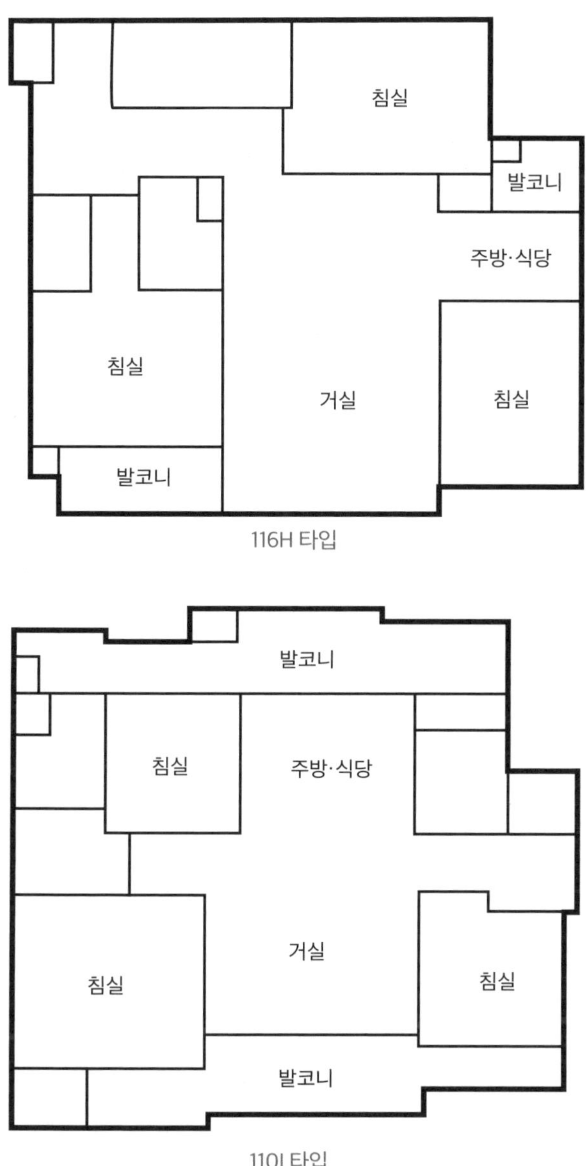

침실
발코니
주방·식당
침실
거실
침실
발코니
116H 타입
발코니
침실
주방·식당
침실
거실
침실
발코니
110I 타입

○ 타입별 가격 비교

향	매물 정보	실거래가
111A	4베이 구조, 방 3개, 채광이 좋음	20억 원(19층, 2025년 6월) 19억 5천만 원(11층, 2025년 6월)
116G	2베이 타워형 구조, 방 2개, 북쪽으로 배치	19억 5천만 원(8층, 2025년 5월) 19억 5천만 원(23층, 2025년 5월)
116H	3베이 구조, 주방과 거실이 인접	19억 5천만 원(21층, 2025년 5월) 18억 9,700만 원(22층, 2025년 3월)
110I	일반적인 3베이 구조, 확장성 우수	21억 원(22층, 2025년 6월) 20억 원(8층, 2025년 6월)

20억 원(8층)에 거래되었다. 이렇게 타입은 다르지만 실거래가와 현장에서의 시세는 비슷하거나 차이가 없음을 알 수 있다.

우리가 입지분석을 통해 각 아파트가 지닌 고유한 매력을 파악해야 하는 이유는 모두 저마다의 이유로 시세가 다르게 형성되기 때문이다. 모든 조건을 충족할 수는 없다. 매력적인 요소에 우선순위를 정해서 가장 중요한 부분에 집중하도록 하자.

저층과 고층 매물이 있다면 좀 더 비싸더라도 로열층인 고층 물건을 잡는 것이 유리하다. 향 역시 남향 혹은 남향이 포함된 남동향, 남서향을 우선적으로 고려해야 한다. 조망권이 역세권 혹은 생

부동산 투자, 기본으로 돌아가라

활 편의성 등의 조건과 상충된다면 뷰를 포기하는 것이 낫다. 단 압구정동, 반포동, 청담동, 성수동, 이촌동 등 한강 뷰가 걸린 문제라면 상황이 조금 달라진다. 만일 위 조건이 모두 들어맞으면 타입은 크게 중요하지 않다. 기본적인 원칙은 '나'에게만 좋아 보이는 물건이 아니라 '다른 사람'에게도 좋아 보이는 물건을 고르는 안목을 키워야 한다는 것이다.

도대체 대단지는
몇 세대 아파트야?

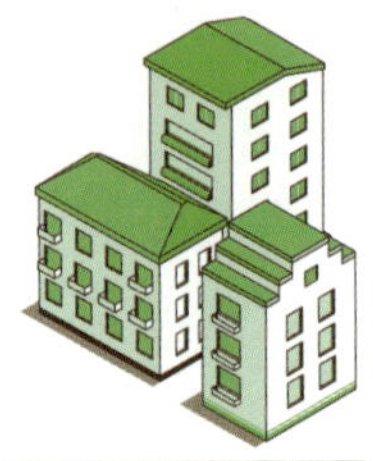

20대에 처음 매수한 서대문구 유원하나 아파트는 704세대로 구성된 작은 규모였지만, 당시 자금 상황을 고려했을 때 최선의 선택이었다. 세대수는 적지만 2022년에는 4건, 2023년에는 6건, 2024년에는 총 9건의 매매가 체결되었다. 세대수가 적다 보니 거래량이 적어 정확한 시세를 알기 어렵고, 또 거래량이 적다는 것은 환금성이 좋지 않다는 것을 의미한다. 아파트를 팔고 싶어도 제때 팔지 못할 수 있으며, 매도가를 조정할 수밖에 없는 상황이 발생하기도 한다.

반면 아파트 세대수가 많으면 그만큼 거래량도 증가한다. 국토

부동산 투자, 기본으로 돌아가라

교통부 실거래가 정보에 따르면 9,510세대로 구성된 송파구 헬리오시티 아파트는 2024년 총 370건의 매매 거래가 이뤄졌다. 그리고 같은 기간 6,864세대 잠실파크리오 아파트는 324건, 5,540세대 올림픽선수기자촌 아파트는 209건의 매매가 이뤄졌다.

한편 마포구 브라운스톤공덕에서는 13건(총 290세대), 광진구 광장힐스테이트에서는 30건(총 453세대), 구로구 두산 아파트는 16건(총 561세대)의 매매밖에 이뤄지지 않았다.

매매 거래량이 뒷받침되면 시세가 유연해지고 매매 거래가 쉬워진다. 최근에는 '실거래가'라는 명확한 기준이 있으므로 매물 호가에 대한 적절성을 쉽게 파악할 수 있다. 소규모 단지의 경우 매매량이 적다면 해당 아파트 매매 시장이 침체되기 쉬워진다. 결국 매도자 입장에서는 환금성에 문제가 생겨 자금 계획에 차질이 생길 가능성이 높다.

아파트 세대수는 거래량과 비례하기 때문에 자연스럽게 매매 시세에도 영향을 미친다. 2호선과 9호선을 이용할 수 있는 당산역 주변을 살펴보자.

당산삼성래미안 아파트가 가장 먼저 눈에 띈다. 이 아파트는 1,391세대로 이뤄져 있으며 단지 안에는 25개 동이 세워져 있다. 2024년에는 총 67건의 매매가 이뤄지면서 당산동 아파트 매매 거

당산역 주변에 위치한 당산삼성래미안, 래미안당산1차, 성원상떼빌

래량 1위를 차지하기도 했다. 이곳의 전용면적 84타입은 2025년 6월 18억 4천만 원을 기록했다. 2011년에 6억 6,250만 원에 거래된 것과 비교하면 약 12억 원의 시세 상승이 있었다.

한편 348세대의 4개 동으로 구성된 래미안당산1차는 2024년 한 해 동안 총 8건밖에 매매가 성사되지 않았다. 2011년에 5억 원 초반에 거래된 전용면적 84타입의 경우 2025년 5월에 14억 원에

   부동산 투자, 기본으로 돌아가라

○ 세대수에 따른 가격 변화 비교 1

아파트명	세대수	2024년 거래량	2011년 실거래가	2025년 실거래가	변화
당산삼성래미안	1,391	67건	6억 6,250만 원(5월)	18억 4천만 원(6월)	11억 7,750만 원
래미안당산1차	348	8건	5억 3,800만 원(5월)	14억 원(5월)	8억 6,200만 원
성원상떼빌	205	9건	4억 4,900만 원(3월)	11억 1천만 원(6월)	6억 6,100만 원

매매되었다. 래미안당산1차 아파트는 2011년에 당산삼성래미안과 실거래가 기준 23%인 약 1억 2,500만 원밖에 차이가 나지 않았는데, 2025년에는 그 차이가 31%로 커지면서 4억 4천만 원까지 벌어졌다.

당산역 서쪽에는 205세대로 이루어진 성원상떼빌 아파트가 있다. 여기서는 2024년 한 해 동안 총 9건의 매매 거래가 있었다. 이곳의 전용면적 84타입은 2011년 4월에 4억 4,900만 원에 거래되었고, 2025년 6월에 11억 1천만 원에 계약되었다. 2011년 당산삼성래미안과의 가격 차이는 2억 1,350만 원이었는데, 시간이 흐르면서 이 차이는 7억 3천만 원으로 크게 벌어졌다. 연식의 차이는

○ 세대수에 따른 가격 변화 비교 2

아파트명	세대수	2024년 거래량	2018년 실거래가	2025년 실거래가	변화
선사현대	2,938	138건	6억 5,500만 원(1월)	16억 원(6월)	8억 9,500만 원
삼성광나루	490	13건	7억 1천만 원(1월)	11억 7천만 원(5월)	4억 6천만 원
한강현대	417	13건	5억 9,800만 원(1월)	11억 1천만 원 (9월)	5억 1,200만 원

있지만 대단지와 소규모 단지의 시세 차이는 시간이 지나면서 더욱 크게 벌어지는 것을 알 수 있다.

또 다른 예로는 8호선 암사역 주변에 위치한 이 지역 랜드마크 선사현대 아파트가 있다. 2,938세대의 대단지를 자랑하는 이 아파트는 16개 동으로 이뤄져 있다. 이곳은 2024년에만 138건의 매매 거래를 기록하면서 강동구 암사동 아파트 매매 거래량 2위를 차지하기도 했다. 이곳의 전용면적 84타입 19층 물건은 2025년 6월 16억 원에 거래되었다. 2018년 1월 6억 5,500만 원에 거래된 것과 비교하면 7년 사이 10억 원 가까이 올랐다.

선사현대 바로 옆에는 소규모 아파트인 삼성광나루가 있다.

2002년 준공된 490세대의 아파트로 2024년 총 13건의 매매 거래가 있었다. 위와 비슷한 시기에 전용면적 84타입 매물은 7억 1천만 원에서 11억 7천만 원으로 상승했다. 선사현대 주변에는 한강현대 아파트도 있다. 한강현대는 417세대의 3개 동으로 구성되었다. 2025년 9월에 4층 매물이 11억 1천만 원에 거래되었다. 2018년에는 연식이 조금 앞서는 삼성광나루 아파트의 실거래가가 선사현대 아파트보다 다소 높았지만, 시간이 지나면서 오히려 대단지인 선사현대 아파트의 시세가 4억 원가량 높아지는 현상을 보였다. 이처럼 대단지 아파트는 전반적으로 아파트 시세가 상승하는 시기에 그 힘을 더욱 크게 발휘한다.

대단지 아파트는 매매 시세 측면에서만 유리한 것이 아니다. 대단지 아파트는 상대적으로 고급스럽고 다양한 커뮤니티 시설을 자랑한다. 아파트 커뮤니티 시설 설치는 「주택건설기준 등에 관한 규정」에 따라 의무화되어 있다.

예를 들어 아파트가 100세대 이상 1천 세대 미만일 경우 세대당 $2.5m^2$를 더한 면적, 1천 세대 이상일 경우 $500m^2$에 세대당 $2m^2$를 더한 면적의 주민공동시설을 설치해야 한다. 또한 아파트 세대수에 따라서 의무적으로 설치해야 하는 시설의 종류가 규정되어 있다. 150세대 이상일 경우 경로당과 어린이 놀이터를 설치해

○ 세대수에 따른 의무시설 규정

구분	세대수	규정
주민공동시설면적	100세대 이상~ 1천 세대 미만	세대당 2.5m²를 더한 면적
	1천 세대 이상	500m²에 세대당 2m²를 더한 면적
주민공동시설에 포함해야 하는 시설	150세대 이상	경로당, 어린이 놀이터
	300세대 이상	경로당, 어린이 놀이터, 어린이집
	500세대 이상	경로당, 어린이 놀이터, 주민운동시설, 작은도서관, 다함께돌봄센터

야 하고, 300세대 이상은 어린이집이 추가되며, 500세대 이상은 운동시설, 작은 도서관, 다함께돌봄센터를 추가로 설치해야 한다.

결국 세대수가 큰 단지일수록 커뮤니티 시설의 면적이 넓어지고 종류도 다양해지는 것이다. 요즘에는 인피니티 수영장, 스카이라운지, 피트니스센터, 골프연습장, 독서실, 키즈카페, 조식 서비스 등을 제공하는 아파트도 늘어나고 있다. 대단지 아파트는 이러한 다양한 시설을 갖추고도 관리비가 저렴한 것이 장점이다. 입주민이 많기 때문에 공용으로 사용되는 관리비에 대한 부담금도 평균적으로 적다. 청소, 소독, 경비, 커뮤니티 시설 운영비 등을 많은 입주민

부동산 투자, 기본으로 돌아가라

이 나눠서 분담하기에 가능한 일이다.

또 아파트 단지가 크면 녹지 조성이 풍부하게 갖춰진다. 단지 내에 크고 작은 공원이 많아 녹지 비율이 높아지고 친환경적인 입지를 갖추게 된다. 이뿐만 아니라 대단지일수록 생활 인프라가 우수할 가능성이 높다. 입주민이 많기 때문에 그만큼 상권이 크게 형성되어 편의성이 향상된다. 아파트 상가와 단지 주변에는 마트, 병원, 약국, 카페, 음식점, 미용실, 학원, 은행, 주민센터 등이 입점하게 된다. 일부 규모가 큰 단지에는 우체국, 파출소, 119안전센터까지 들어서기도 한다.

그 지역 내에서 규모가 가장 큰 대단지 아파트는 랜드마크로서 인근 아파트 시세 전체를 리딩하는 힘을 지닌다. 시세 상승폭이 크고 하방경직성이 강하기 때문에 더욱 안전한 투자 가치를 지닌다. 게다가 개발 계획은 일반적으로 인구가 많은 곳을 거점으로 삼기 때문에 대단지 아파트 주변으로 개발 호재가 생기기도 한다.

끝으로 1천 세대 이상의 대단지를 조성할 만큼 사업 부지가 큰 곳이 서울 시내에 많지 않기 때문에 공급 측면에서도 희소성이 존재한다. 그리고 1천 세대 이상의 대단지 아파트는 시공 노하우가 풍부한 1군 대형 건설사가 주로 시공하기 때문에 상품성과 가치 역시 매우 우수하다.

커뮤니티 시설에서 모든 것이 해결된다

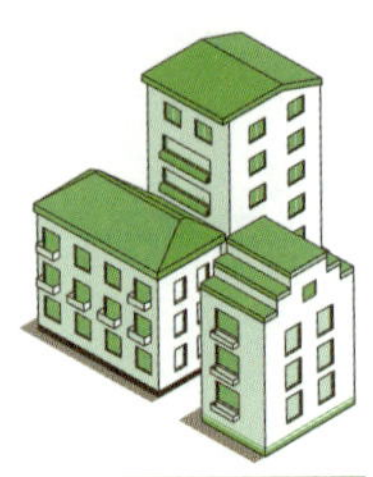

　대지면적 46만 2,771m² 부지에 1만 2,032세대가 들어선 강동구 올림픽파크포레온 아파트. 올림픽파크포레온은 초대형 커뮤니티 시설로 유명하다. 이 아파트는 총 4개 단지에 85개 동으로 구성되어 있으며 각 단지에 별도의 커뮤니티 시설을 갖추고 있다. 커뮤니티 시설의 규모와 종류를 살펴보면 다음과 같다.

　1단지 커뮤니티센터 1층에는 피트니스센터, 독서실, 경로당, 어린이집이 있고 지하 1층에는 카페테리아, GX룸, 골프연습실, 스크린 골프연습실, 북카페, 문화교실, 어린이 실내놀이터, 다목적실, 작은 도서관이 있고 지하 2층에는 사우나가 준비되어 있다.

부동산 투자, 기본으로 돌아가라

○ 올림픽파크포레온 커뮤니티 시설 구성

구분	구성
1단지	피트니스센터, 독서실, 경로당, 어린이집, 카페테리아, GX룸, 골프연습실, 스크린 골프연습실, 북카페, 문화교실, 어린이 실내놀이터, 다목적실, 작은 도서관, 사우나 등
2단지	피트니스센터, GX룸, 어린이 실내놀이터, 경로당, 둔촌전시관, 실내체육관, 스크린 테니스, 탁구장, 골프연습실, 스크린 골프연습실, 문화교실, 독서실, 북카페, 카페, 주민회의실, 사우나, 수영장 등
3단지	스카이라운지, 스카이힐링센터, 스카이게스트룸, 피트니스센터, 독서실, 경로당, 어린이집, 골프연습실, 스크린 골프연습실, GX룸, 주민회의실, 북카페, 문화교실, 어린이 실내놀이터, 사우나 등
4단지	피트니스센터, 독서실, 경로당, 어린이집, 다목적실, 주민회의실, 골프연습실, 스크린 골프연습실, GX룸, 중앙도서관, 어린이 실내놀이터, 문화교실, 게스트룸, 카페테리아, 사우나 등

2단지에는 피트니스센터, GX룸, 어린이 실내놀이터, 경로당, 둔촌전시관, 실내체육관과 스크린 테니스, 탁구장 등이 있다. 또 골프연습실, 스크린 골프연습실, 문화교실, 독서실, 북카페, 카페, 주민회의실, 사우나, 수영장이 있다. 특히 2단지 스포츠컴플렉스 안에 조성된 수영장의 경우 길이 25m, 폭 19.25m 규격의 레인 8개에 아동용 레인 3개까지 마련되어 있어 총 11개 레인의 웅장한 수영장

을 자랑한다. 이는 국내 아파트 단지 중에서 최대 규모다.

3단지에는 이 아파트의 자랑이라고 할 수 있는 35층에 위치한 스카이라운지, 스카이힐링센터, 스카이게스트룸이 있다. 이 밖에 피트니스센터, 독서실, 경로당, 어린이집, 골프연습실, 스크린 골프연습실, GX룸, 주민회의실, 북카페, 문화교실, 어린이 실내놀이터, 사우나도 갖췄다.

4단지에 준비된 커뮤니티센터 역시 피트니스센터, 독서실, 경로당, 어린이집, 다목적실, 주민회의실, 골프연습실, 스크린 골프연습실, GX룸, 중앙도서관, 어린이 실내놀이터, 문화교실, 게스트룸, 카페테리아, 사우나 등의 시설을 포함하고 있다.

사실상 아파트 단지 내에서 일상적인 생활을 모두 할 수 있을 정도로 시설이 갖춰져 있는 것이다.

한편 부족했던 커뮤니티 시설을 보완하는 아파트 단지도 늘어나고 있다. 대표적으로 송파구 리센츠 아파트는 구청으로부터 커뮤니티센터 조성 행위 허가를 받았다. 이 아파트는 커뮤니티 시설 리모델링에 대한 주민들의 찬성을 이끌어냈다. 그 결과 기존 2층 목조 건물을 지하로 증축해 약 630평 규모의 커뮤니티센터를 만들어 피트니스센터, 골프연습장, GX룸, 카페, 썬큰가든, 인포메이션, 도서관, 회의실 등을 설치할 계획이다.

아파트에 특화된 커뮤니티 시설이 최초로 도입된 사례는 강남구 도곡동에 위치한 타워팰리스를 꼽을 수 있다. 국내 최초의 주상복합 아파트인 타워팰리스에는 실내 수영장과 사우나, 피트니스센터 등 당시 아파트에는 흔치 않았던 커뮤니티 시설이 도입되면서 고급 아파트 시대를 열었다. 거주에만 초점이 맞춰진 단순한 주택의 개념을 넘어서 아파트가 삶의 질을 향상시키고 차별화된 품격을 나타내는 기능의 역할까지 하게 된 것이다.

타워팰리스 이후 2009년 반포에도 고급 아파트가 등장했다. 바로 래미안퍼스티지다. 설계는 물론이고 커뮤니티 시설과 단지 내 조경을 특화한 해당 아파트에는 1급수만 서식하는 쉬리가 있는 3,976m² 규모의 인공호수와 1천 년 수령의 느티나무가 있다. 6,246m²에 이르는 호텔급 커뮤니티 시설에는 수영장, 골프연습장, 신라호텔 피트니스클럽과 동일한 시설의 피트니스센터, 북카페, 독서실, 키즈룸, 커뮤니티홀 등이 있다.

또 다른 고급 아파트 반포자이에는 2만 그루의 나무와 2.4km의 산책로, 750m의 실개천이 있다. 연면적 9천m²에 이르는 자이안센터에는 골프연습장, 수영장, 피트니스센터, 사우나, 클럽하우스, 게스트룸, 키즈룸, 실버룸, 독서실 등의 시설이 갖춰져 있다.

최근 커뮤니티 시설은 고품격 라이프 스타일을 고려한 게 특징이다. 수요자들이 삶의 질을 중요하게 생각하면서 커뮤니티 시설도 점차 발전하게 되었다. 스카이브릿지, 스카이라운지, 전망 엘리베이터, 공중 인피니티풀, 전문 케이터링 기업의 호텔식 조식 서비스 등은 기본이고, 전문 가든디자이너가 만든 명품 테마정원이나 레저문화를 고려한 캠핑장, 클라이밍장, 텃밭, 반려동물을 위한 전용 가든도 등장했다. 실버 세대를 위한 의료 서비스가 가능한 단지나 다양한 첨단 시스템이 적용된 단지도 등장했다.

예를 들어 한남더힐의 경우 사물인터넷에 기반한 안면인식 입출입 시스템과 24시간 상주하는 경비 보안 서비스 등으로 입주민의 사생활을 보호하고 있다. 2021년 7월 입주가 시작된 서초구 방배동 방배그랑자이는 로비라운지, 도서관, 독서실, 피트니스센터, 골프연습장, 체육실, 키즈카페, 맘스카페, 시어터룸, 음악연습실, 야외 테라스 카페 등의 시설을 갖췄다.

1,446세대 서초그랑자이 아파트에는 최상층 스카이라운지를 비롯해 리조트형 게스트하우스, 스크린 골프장, 작업실로 사용 가능한 스튜디오, 카페테리아, 프리미엄 피트니스센터, 인터컨티넨탈 호텔 피트니스 컨설팅, 호텔식 사우나와 스파, 호텔식 수영장, 스쿨버스 대기실, 대용량 코인세탁실, 도서관, 키즈스쿨, 키즈카페, 최첨단 스마트 독서실 등이 입주민을 위해 준비되어 있다. 게다가 입주

민 전용 CGV 프리미엄 상영관까지 들어왔다.

강남구 개포동의 개포자이프레지던스에는 루프탑 인피니티풀이 설치되었다. 스카이라운지, 글램핑장, 게스트하우스, 사우나, 실내수영장, 실내체육관, 클라이밍 시설, 실내 골프연습장, 악기 연주실, 독서실, 시네마룸, 코인세탁실, 탁구장, 카페테리아 등의 커뮤니티 시설은 기본이다.

고급 커뮤니티 시설 유무를 눈여겨보는 것이 생활의 편의성이나 자산 가치를 키우는 측면에서 유리하다. 이러한 커뮤니티 시설의 차이는 시세에도 영향을 주기 때문이다.

2021년에 입주한 강남구 일원동의 디에이치자이개포도 고급 커뮤니티 시설을 갖췄다. 스카이라운지를 비롯해 복층형 피트니스센터, 실내 조깅트랙, 수영장, 사우나, 음악연습실, 골프연습장, 도서관, 스터디룸, 북카페, 독서실, 카페테리아, 키즈짐, 클럽하우스, 키즈놀이터, 맘스라운지, 파티룸, 코인세탁실, 문화센터 등이 준비되어 있다. 시장에서도 좋은 평가를 받아 2025년 11월에는 전용면적 84타입이 39억 원에 매매되었다.

디에이치아너힐즈의 경우 대모산을 감상할 수 있는 스카이라운지가 독보적이다. 게다가 수영장, 사우나, 체육관, 피트니스센터, 영화관, 음악연주실, 평생교육실, 게스트하우스 등의 시설을 기본으로 갖췄다. 이곳의 전용면적 84타입의 경우 2025년 4월 35억 원에 거래가 이뤄졌다.

한편 인근에 위치한 래미안개포루체하임의 경우 커뮤니티 시설이 다소 부족하다. 스카이라운지, 수영장, 습식사우나가 준비되지 않았다. 타 아파트에 비해 역세권과 학군 부분에서 우위가 있고 각 세대 내부를 고급화했음에도 커뮤니티 시설의 약세가 시세에 반영된 모습이다. 전용면적 84타입의 경우 34억 원 내외에서 거래되고 있다. 앞선 두 단지와 비교하면 커뮤니티 시설의 유무가 시세에 영향을 주고 있는 듯하다.

아파트에서 주거와 문화, 레저를 모두 즐길 수 있는 커뮤니티 시설의 수요는 앞으로도 이어질 것으로 보인다. 아파트 세대 내부 인테리어는 입주민의 취향에 맞춰 얼마든지 고급화할 수 있다. 하지만 커뮤니티 시설은 추후에 추가하기가 쉽지 않다. 따라서 차별화된 고급 커뮤니티 시설을 제공하는 아파트 단지를 눈여겨보는 것이 생활의 편의성이나 자산 가치를 키우는 측면에서 유리하다는 것을 기억해야 한다.

부동산 투자, 기본으로 돌아가라

오늘은 신축이지만
내일이면 구축이다

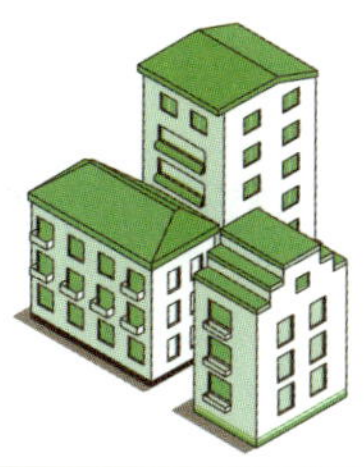

'아파트 공급절벽 심화'

'아파트 공급 부족 속 물량 감소'

'서울 신규 아파트 공급 뚝'

기사를 통해 아파트 공급 부족이 심화되고 있다는 소식이 들리고 있다. 2026년에는 역대급으로 아파트 공급이 부족해 부동산 시장에 큰 파장을 불러일으킬 것이라는 분석이 있다. 실제로 KB부동산과 프롭티어에서 공개한 전국 아파트 분양물량을 살펴보면 2019년부터 2022년까지 전국적으로 약 30만 세대 이상이 분양되

○ 전국 아파트 분양물량

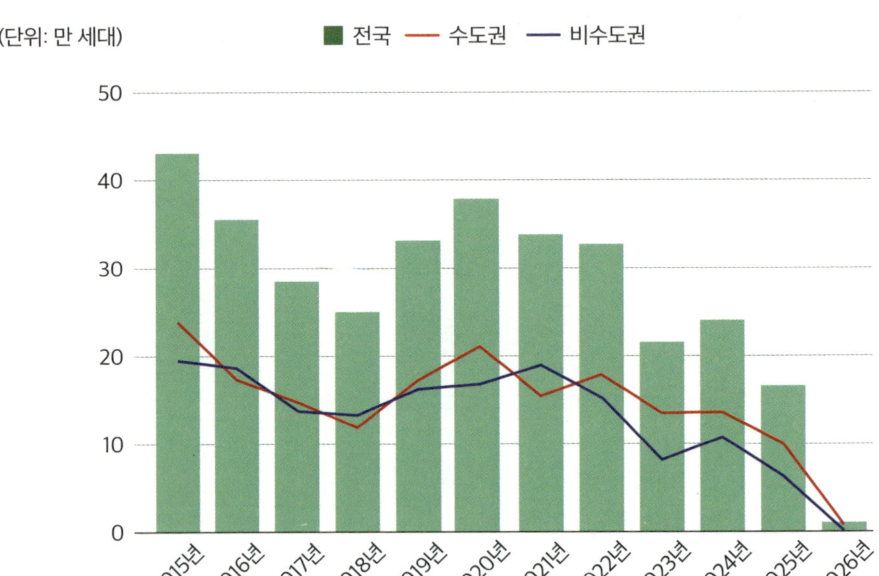

구분	2020년	2021년	2022년	2023년	2024년	2025년	2026년
전국	375,345	337,734	325,359	212,943	237,689	161,616	5,007
수도권	208,385	151,976	174,035	132,084	134,753	96,599	5,007
비수도권	166,960	185,758	151,324	80,859	102,936	65,017	0

출처: KB부동산, 프롭티어

부동산 투자, 기본으로 돌아가라

었다. 하지만 2023년과 2024년에는 전국 아파트 분양물량이 20만 세대 초반으로 감소했고, 2025년에는 그 수치가 16만 세대 정도에 그치고 말았다. 심각한 문제는 2026년이다. 전국 아파트 분양물량이 5,007세대에 불과할 것으로 예상되기 때문이다.

전국 아파트 공급 실적 역시 시간이 지날수록 크게 감소하고 있는 모습이다. 착공을 시작한 아파트 단지의 수가 크게 줄었기 때문인데, 4~5년간의 아파트 공사 기간을 고려하면 앞으로 신축 아파트 공급량은 크게 부족할 것으로 보인다.

이렇게 새 아파트 공급 부족이 예상되는 상황이 계속되다 보니 신축 아파트의 인기가 크게 상승하는 모습이다. 그 결과 준공 5년 이내 신축 아파트로 수요가 몰리면서 거래량이 늘어나고 신고가 거래도 이어지고 있다.

한국부동산원에서 발표한 2025년 4월 기준 아파트 매매가격지수를 보면 그 점을 알 수 있다. 준공 5년 이하 전국 신축 아파트 매매가격지수는 지난 2년 동안 4.08% 상승하면서 가장 높은 변동률을 기록한 것으로 조사되었다. 반면 20년을 초과한 구축 아파트는 오히려 1.14% 하락하며 상반된 흐름을 나타냈다. 수도권에 위치한 준공 5년 이하의 신축 아파트 변동률은 7.64%로 가장 높게 조사되었다. 이어서 5~10년 된 아파트는 6.22%, 10~15년 된 아파트는

○ 전국 아파트 공급 실적

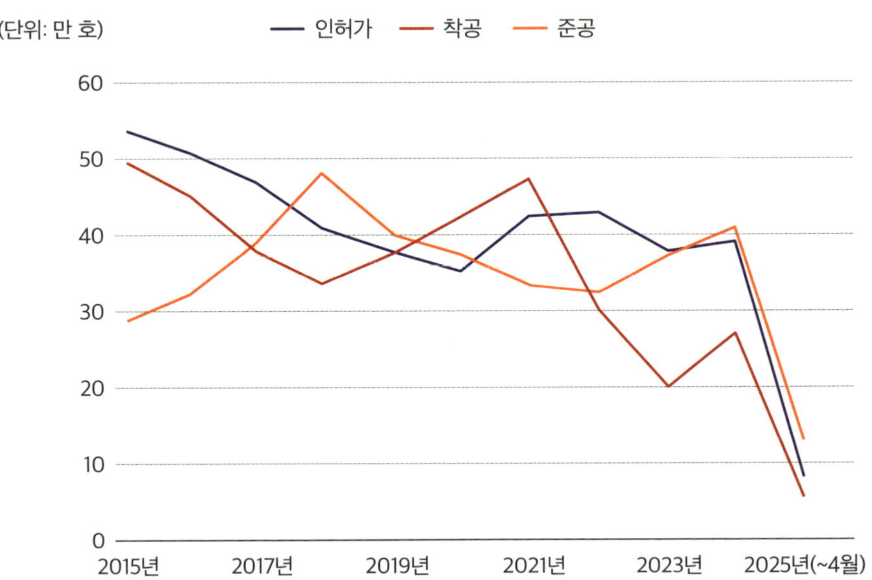

구분	2019년	2020년	2021년	2022년	2023년	2024년	2025년 (~4월)
인허가	378,169	351,700	423,363	427,650	377,612	390,923	79,219
착공	373,990	423,477	472,751	299,022	199,612	271,514	48,706
준공	401,481	373,220	331,971	323,186	370,347	407,534	129,354

출처: KB부동산, 프롭티어

부동산 투자, 기본으로 돌아가라

5.35%의 가격 변동률을 보였다. 신축에 가까울수록 가격 상승률이 높았던 것을 확인할 수 있다.

하지만 신축 아파트가 시장으로부터 언제까지나 좋은 평가를 받을 수는 없다는 것을 잊지 말아야 한다. 연식보다 해당 아파트가 지닌 고유한 입지 자체에 초점을 맞추는 것이 자산 가치를 키우는 데에 유리하다.

예를 들어 래미안장위퍼스트하이 아파트는 2016년 분양 당시 평균 16.3대1의 경쟁률을 기록했다. 강북권 최다 청약자 수를 기록하며 큰 인기를 끌었다. 이 아파트는 2020년 입주를 마치고 2021년 10월에 최고가 13억 3천만 원을 기록하는 등 신축 아파트로 인기를 끌며 인근 지역까지 시세 상승을 견인했다. 하지만 시간이 흘러 현재는 11억 원 수준의 시세를 보이고 있다.

래미안장위퍼스트하이 아파트에서 지하철 6호선 돌곶이역까지는 1.5km, 1호선 광운대역까지는 1.6km가량 떨어져 있다. 따라서 지하철을 이용하기 위해서는 도보로 25분가량이 소요된다. 아파트 단지 앞에서 정차하는 버스로 이동할 경우에는 15분가량이 걸린다. 장위뉴타운 5구역 재개발로 탄생한 아파트이기 때문에 기존 입지의 단점을 크게 극복하지 못한 것으로 보인다. 아쉽게도 2025년 상반기는 유동성 증가로 시세 변동성이 컸음에도, 마침 신축 효과가 둔화되는 시기와 겹치면서 아파트 가격에 뚜렷한 상승 동력을 주지 못했다.

사가정센트럴아이파크 아파트의 경우 2017년 일반분양 당시 최고 경쟁률 13.5대1을 기록하며 전 평형 1순위 마감되었다. 이어서 2020년에 입주를 시작했고, 2021년 7월에는 전용면적 84타입 25층 물건이 14억 9천만 원에 매매되며 신고가를 기록했다. 하지만 같은 면적의 아파트는 최근 12억 원 초반에 거래가 이어지면서, 신축의 가치가 점차 퇴색되는 모습을 보이고 있다.

반면 준공된 지 20년 가까이 된 송파구 잠실엘스 아파트는 이제 구축 아파트를 대표한다고 볼 수 있을 정도로 연식이 찼다. 이 아파트 전용면적 84타입의 시세는 부동산 규제와 금리 인상으로 인해 소폭 하락하는 구간은 있었지만 빠르게 회복되어 꾸준히 상승했고, 그 결과 2025년 10월에는 35억 원의 신고가를 기록했다. 높은 용적률로 인해 추후에 재건축은 어렵다는 평가를 받고 있고, 아파트 자체적으로 리모델링 등의 논의가 있는 것도 아니다. 한강, 역세권, 학군, 강남 접근성 등 아파트가 지닌 고유한 입지에 대한 평가가 좋을 뿐이다.

한편 준공 25년 이상의 구축 아파트는 어떨까? 좋은 입지에 위치해 있다 해도 연식이 너무 오래된 구축 아파트는 우선순위에서

밀릴 수밖에 없다. 해당 아파트의 가치 상승에 대한 확실한 비전이 부족하기 때문이다. 관건은 재건축 여부다. 한동안 신축 아파트와 기축 아파트에 대한 수요가 높아지는 동안 구축 아파트는 서서히 재건축 연한인 30년을 채워갔다. 그렇게 시간이 흘러 주거환경 개선과 주택 공급량 증가를 위해 개발 규제가 완화되면 구축 아파트는 재건축 대상 아파트로 변신해 새로운 국면을 맞이한다.

아파트는 오늘은 신축이지만 내일이면 구축이 된다. 결국에는 아파트 자체가 가지고 있는 고유한 입지만 남게 된다는 것을 기억해야 한다. 입지에 대한 가치는 시간이 지나도 좋은 평가를 받는다. 신축으로 포장된 모습에 현혹되어, 무엇보다 중요한 입지에 대한 평가를 놓쳐서는 안 된다.

역세권 아파트의 가치는 얼마일까?

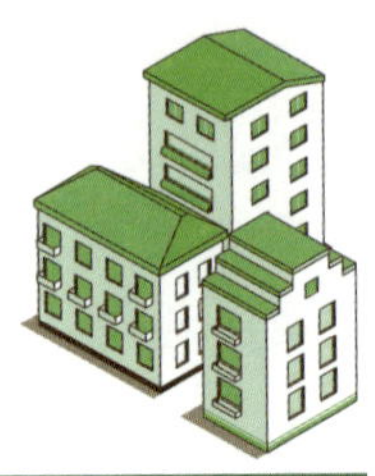

　서울 지하철의 하루 평균 승하차 인원은 약 700만 명에 이른다. 서울 인구의 70% 이상이 매일 지하철을 이용하고 있는 것이다. 이렇게 많은 사람이 이용하는 지하철은 아파트 시세와 밀접한 관련이 있다. 그런데 서울에만 300개 이상의 역이 존재하고, 수도권까지 더하면 총 400개 이상의 역이 있을 정도로 이제는 역세권 아파트가 아닌 곳이 없을 정도다. 그래서 단순히 역세권 여부를 떠나 역과 단지의 세부적인 거리에 따라서 시세가 결정되는 현상까지 벌어지고 있다.

　지하철 5호천 상일동역 주변에는 대단지 아파트가 많이 들어섰

　　　　　　　　　　　　　　부동산 투자, 기본으로 돌아가라

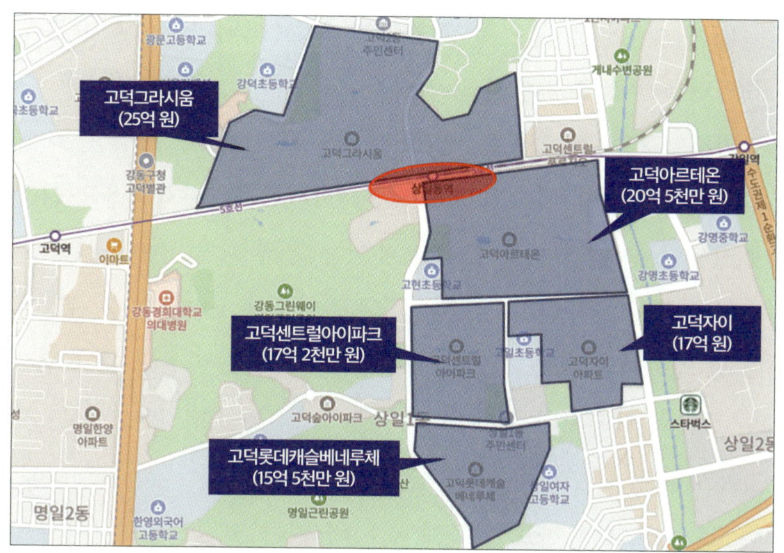

상일동역과의 거리에 따라 시세가 다른 아파트들

다. 고덕그라시움(4,932세대), 고덕아르테온(4,066세대), 고덕센트럴
아이파크(1,745세대), 고덕자이(1,824세대), 고덕롯데캐슬베네루체
(1,8569세대) 등 강동구를 대표하는 아파트 단지가 모여 있다.

그런데 이들 아파트는 5호선 지하철역과의 거리에 따라서 시세
가 구분되어 있는 특징이 있다. 2025년 상반기에 기록된 전용면적
84타입의 거래내역을 보면 그 점을 알 수 있다.

먼저 상일동역과 가장 가까이에 있는 고덕그라시움의 경우 2025년 6월 26층 매물이 25억 원의 실거래가를 기록했다. 최고가를 기록한 25억 원 거래를 제외하더라도 평균적으로 23억 원 내외에서 거래가 이뤄지고 있다. 이어서 역시 5호선 상일동역을 편리하게 이용할 수 있는 고덕아르테온에서는 같은 시기 20억 5천만 원에 거래가 되었다. 단지 내 중학교 존재 여부와 조만간 개통 예정인 9호선 역까지의 거리, 그리고 고덕비즈밸리와도 인접해 있어 시장은 고덕아르테온보다 고덕그라시움을 좀 더 높이 평가하고 있는 것으로 보인다.

고덕아르테온 바로 남쪽에 위치해 있는 고덕센트럴아이파크는 단지 중앙에서 상일동역까지 약 500m 떨어져 있다. 도보로는 10분 내외의 비교적 짧은 거리라고 할 수 있으나, 같은 시기에 전용면적 84타입은 최고가 17억 2천만 원을 기록했다. 고덕센트럴아이파크 오른쪽에 위치한 고덕자이 아파트에서는 2025년 6월 5층, 11층, 12층이 모두 17억 원에 거래가 이뤄졌다. 마지막으로 지하철역까지 걸어서 약 20분을 가야 하는 고덕롯데캐슬베네루체 아파트의 경우 15억 5천만 원 수준에서 거래가 이뤄졌다.

언급된 5개 아파트 단지는 2019년 9월부터 2021년 2월 사이에 입주한 신축 아파트들이다. 특히 고덕그라시움과 고덕롯데캐슬

○ 역간 거리와 실거래가의 관계 1

구분	지하철역까지 거리	도보 이동시간	실거래가 (2025년 6월 기준)	실거래가 차이
고덕그라시움	150m	5분	25억 원	기준가
고덕아르테온	200m	6분	20억 5천만 원	-4억 5천만 원
고덕센트럴아이파크	500m	12분	17억 2천만 원	-7억 8천만 원
고덕자이	550m	14분	17억 원	-8억 원
고덕롯데캐슬베네루체	900m	20분	15억 5천만 원	-9억 5천만 원

베네루체는 각각 2019년 9월과 12월에 입주를 시작했기 때문에 연식에 의한 시세 차이는 없다고 할 수 있다. 하지만 지하철 이용의 편의성에 따라서 같은 면적임에도 불구하고 최대 9억 5천만 원 차이가 발생했다. 초등학교와 중학교까지의 거리, 그리고 고덕롯데캐슬베네루체 단지 안에 존재하는 경미한 경사로 등의 요인을 고려하더라도 아파트 시세에 있어서 역세권의 가치가 상당한 부분을 차지하고 있음을 알 수 있다.

성북구 아파트에서도 역세권의 가치를 가늠해볼 수 있다. 4호선 길음역에서 지하철을 타면 서울역까지 18분, 사당역까지 34분밖에 걸리지 않는다. 기업체가 밀집한 을지로, 명동, 용산, 사당 등으로

○ 역간 거리와 실거래가의 관계 2

아파트명	준공/세대수	지하철역까지 거리	실거래가 (2025년 6월)
길음래미안1단지	2003년/1,125세대	도보 약 4분	10억 4,500만 원
길음동부센트레빌	2003년/1,377세대	도보 약 10분	9억 1,900만 원
삼각산아이원	2003년/1,344세대	도보 약 20분	7억 2,500만 원

출퇴근하기에 유리해 여러모로 입지 가치가 뛰어난 곳이다. 이 길음역에서 불과 300m 떨어진 곳에 길음래미안1차가 있다. 2003년에 준공된 1,125세대 대단지 아파트로 전용면적 84타입 매물이 2025년 6월에 10억 4,500만 원과 10억 원에 거래되었다.

길음역에서 한 정거장을 더 가면 미아사거리역이 나온다. 이 미아사거리역에서 약 600m 떨어진 곳에 2003년에 지어진 1,377세대 길음동부센트레빌이 있다. 아파트 입구에서 지하철역까지 걸어서 약 10분이 걸린다. 이곳에서는 전용면적 84타입 매물이 같은 시기 9억 1,900만 원과 9억 원에 거래되었다.

한편 미아사거리역에서 걸어서 20분가량 떨어진 거리에 삼각산아이원이 있다. 1,344세대의 대단지 아파트로 길음래미안1차, 길음동부센트레빌과 마찬가지로 2003년에 준공되었다. 하지만 위

부동산 투자, 기본으로 돌아가라

의 사례와 같은 시기에 7억 2,500만 원에 거래되었다.

세 아파트 모두 2003년에 지어졌으며 1천 세대가 넘는 비슷한 규모의 아파트 단지다. 하지만 지하철 역세권 아파트인지 아닌지에 따라서 3억 2천만 원의 시세 차이가 나타났다.

1호선과 4호선을 이용할 수 있는 창동역에서 한 정거장을 더 가면 1호선 방학역이 있다. 도봉구 방학동에 있는 489세대 벽산 아파트는 방학역과 약 1.7km 떨어져 있어 지하철역까지 도보로 약 25분, 버스를 이용할 경우 약 13분이 소요된다. 이 아파트의 전용면적 84타입은 2021년 2월에 최고가 5억 6,900만 원을 기록했지만, 2024년 8월 4억 7천만 원에 거래된 이후에는 아직 실거래가가 없다.

이 아파트와 가까운 곳에는 1996년에 준공된 258세대 성원 아파트가 있다. 방학역과 약 1.1km 떨어졌기 때문에 도보로는 약 17분, 버스로는 약 10분 이내에 지하철역에 도착할 수 있다. 이곳에서는 전용면적 84타입의 경우 5억 4,800만 원과 5억 3,500만 원에 거래가 되고 있다.

한편 방학역에서 불과 200m도 떨어지지 않은 곳에는 방학삼성 래미안1단지가 있다. 앞선 두 아파트와 비교하면 초역세권이라고 불리기에 충분한 위치다. 전용면적 84타입의 실거래가는 2025년

○ 헬리오시티 역간 거리에 따른 단지별 시세 차이

단지	거래 정보	실거래가	특징
1단지	102동 5층	23억 9,500만 원	지하철역까지 도보로 약 15분 소요
1단지	109동 19층	24억 1천만 원	지하철역까지 도보로 약 15분 소요
2단지	213동 25층	24억 4천만 원	지하철역까지 도보로 약 8분 소요
2단지	206동 27층	24억 8천만 원	지하철역까지 도보로 약 8분 소요
3단지	306동 10층	25억 원	지하철역까지 도보로 약 8분 소요
3단지	303동 22층	25억 1,500만 원	지하철역까지 도보로 약 8분 소요
4단지	404동 25층	25억 2,500만 원	지하철 8호선 초역세권
4단지	404동 10층	25억 1천만 원	지하철 8호선 초역세권
5단지	517동 26층	25억 5천만 원	지하철 8호선 초역세권
5단지	514동 11층	27억 원	지하철 8호선 초역세권

6월에 8억 8천만 원과 8억 7,900만 원을 기록했다. 비록 공급면적은 122m²로 표시되지만 전용면적은 위의 두 아파트와 같다.

그럼 역세권 단지면 다 똑같이 비싸게 거래되는 걸까? 아니다. 단지 수가 많은 매머드급 대단지 아파트라면 이야기가 조금 달라진다. 역세권 아파트지만 그 안에서도 지하철역까지의 거리에 따라서

부동산 투자, 기본으로 돌아가라

시세 차이가 발생하기도 한다.

9,510세대의 매머드급 대단지 아파트인 송파구 헬리오시티 아파트는 단지 좌우 거리가 약 930m에 이른다. 4단지와 5단지는 8호선 송파역을 편리하게 이용할 수 있지만 1단지는 지하철역까지 15분가량을 걸어가야 하는 불편함이 있다. 이렇게 역세권 동과 비역세권 동과의 시세 차이는 실거래가에서도 확인할 수 있다.

거래가 많았던 2025년 3월의 전용면적 84타입 실거래가를 보면 이렇다. 지하철역과 가장 멀리 떨어져 있는 102동과 109동에서는 24억 원 전후로 거래가 이뤄졌다. 다음으로 송파역에서부터 비슷한 거리에 있는 2단지와 3단지에서는 24억 4천만 원에서부터 25억 1,500만 원까지 거래가 이뤄졌다. 지하철 초역세권이라고 할 수 있는 404동과 517동에서는 최대 25억 5천만 원까지 거래가 되었고, 심지어 514동 11층 물건은 27억 원에 팔리기도 했다. 8호선 송파역과의 거리에 따라서 실거래가에도 차이가 존재함을 확인할 수 있다.

서울 중구 신당동에 위치한 5,150세대 남산타운은 총 42개 동으로 구성된 대단지 아파트다. 전용면적 84타입은 2025년 5월과 6월 사이에 6호선 버티고개역과 비교적 가까운 4동 10층에서 15억 5천만 원, 1동 9층에서 14억 원, 그리고 41동 11층에서 13억

9천만 원에 거래가 되었다. 하지만 지하철역과 거리가 먼 26동에서는 같은 기간 12억 9천만 원, 비록 1층이기는 하지만 24동에서는 11억 8천만 원에도 거래가 이뤄졌다. 6호선 버티고개역을 이용할 경우 26동은 지하철역까지 약 700m의 경사지를 10분 이상 걸어서 올라가야 한다. 3호선과 6호선을 이용할 수 있는 약수역에서 내릴 경우에도 상황은 비슷하다. 바로 이 약 700m의 경사지가 시세에 반영된 것으로 보인다.

역세권 아파트는 출퇴근은 물론이고 아이들 등하교 등 일상에서의 편의성이 좋아 주거 만족도가 높다. 서울 어디든 연결되는 지하철을 이용해서 타 지역으로의 이동이 수월하고, 지하철역 주변으로 형성되는 편의시설을 이용하기에도 좋다. 단지 전체를 놓고 보면 역세권 아파트지만 대단지의 경우 개별 동의 위치가 지하철역과 얼마나 가까운지에 따라서 시세 차이가 나기 때문에 매수 결정을 하는 마지막 순간까지 꼼꼼히 비교해야 한다.

아파트 주변에 많을수록 좋은 것은?

　현명한 투자자라면 투자용 아파트 매수를 고려할 때도 실거주를 염두에 두고 접근해야 한다. 내가 직접 거주할 계획이 없다고 생각하는 순간 아파트 주변의 일상적인 편의시설에 대한 중요성을 간과할 수 있기 때문이다. 내가 직접 거주하기에 편리하고 장점이 많다는 것은 임차인 입장에서도 생활하기 훌륭한 아파트란 뜻이다. 수요가 풍부한 아파트일수록 투자 리스크를 줄일 수 있기 때문에 실거주자의 눈으로 아파트 주변을 바라봐야 한다.

　아파트라고 해서 집 안에서의 생활만 생각하면 안 된다. 요즘에는 뛰어난 시설의 커뮤니티센터를 보유한 아파트도 늘어났다. 하지만 식료품을 사기 위해서 마트나 시장에 가야 하고, 아이들의 꿈을 키워주기 위해 학원도 보내야 한다. 건강을 위해 운동시설도 알아봐야 하고, 여유로운 휴식을 위해 쾌적한 자연환경도 찾게 된다. 또 때로는 예기치 않은 질병과 사고로 인해서 대형병원에 갈 일도 생긴다. 따라서 주거 지역이 기본적으로 갖춰야 할 요소를 미리 점검한다면 아파트의 가치를 판단하기 용이해진다. 이제 주거 지역의 가치를 크게 높여주는 필수 요소들을 점검해보자.

1. 학교

먼저 살펴볼 내용은 학교다. 초등학교는 기본적으로 동네마다 있다고 봐도 과언이 아니다. 그 이유는 「도시·군계획시설의 결정·구조 및 설치기준에 관한 규칙」 제89조에서 찾을 수 있다. 초등학교는 2개 근린주거구역 단위에 1개의 비율로 배치되어야 하며, 중고등학교는 3개 근린주거구역 단위에 1개의 비율로 배치되어야 한다.

여기서 근린주거구역의 범위는 이미 개발된 지역의 경우 개발 현황에 따라 정하고, 재개발·재건축 구역과 같이 새로이 개발되는 지역은 2천 세대 내지 3천 세대를 1개 단위로 한다. 즉 2천~3천 세대 아파트가 지어질 경우 주변 초등학교 1개가 새로 생긴다고 볼 수 있다. 특히 초등학교는 학생들이 안전하고 편리하게 통학할 수

중계동과 상계동 일부 지역 초등학교, 중학교 위치

있도록 통학 거리를 1,500m 이내로 해야 한다고 명시되어 있다. 인구가 많거나 아파트가 밀집된 지역에 초등학교가 많은 이유다.

하지만 중학교는 3개의 근린주거구역 단위에 1개의 비율로 배치되기 때문에 집에서 다소 먼 거리에 배정될 수 있다. 그래서 일부 지역에서는 좀 더 편리한 통학을 위해 중학교 인근 아파트로 이사가는 일이 빈번하게 발생한다. 개학 시기에 맞춰 집을 팔아야 하기 때문에 새학기 전에는 언제나 급매물이 등장하고, 결국 아파트 시세에도 영향을 미친다. 대부분의 경우 매매는 물론이고 전월세 시세도 중학교를 품고 있는 아파트보다 낮게 형성되어 있다. 따라서 초등학교는 기본이고, 아파트 단지 주변에 도보로 통학 가능한 중학교도 자리 잡고 있는지 살펴봐야 한다.

예시 지도는 무작위로 선택한 중계동과 상계동 일부 지역이다. 가로 2.3km, 세로 1.3km의 작은 지역임에도 불구하고 초등학교, 중학교가 12곳이나 된다. 지도에서 빨간색 표시는 초등학교를 나타내고, 파란색 표시는 중학교를 나타낸다. 초등학교는 8개나 되는데 비해 중학교는 4개밖에 보이지 않는다. 자녀가 초등학교 저학년이라면 중학교 배정까지 고려하는 것이 쉽지 않겠지만, 중학교의 위치도 아파트 매수를 결정함에 있어서 충분히 고려해볼 만한 사항이다.

2. 편의시설

다음으로 아파트 단지 주변에 전통시장, 대형마트, 영화관, 쇼핑몰 등 일상과 밀접한 편의시설이 있는지 확인해야 한다. 대형마트와 쇼핑몰의 경우 기본 판매시설뿐만 아니라 서점, 영화관, 카페, 음식점, 공연장, 문화센터, 키즈카페, 반려동물센터 등 다양한 업종이

함께 들어오기 때문에 주거 편의성이 높아진다. 대형마트와 쇼핑몰 등이 아파트 주변에 있다면 이들 시설에 방문할 때 생기는 차량 정체와 복잡한 주차에서 오는 스트레스를 피할 수 있을 뿐만 아니라, 편의시설 주변으로 상권이 발달하고 인구가 유입되는 효과를 기대할 수 있다. 사람이 많이 모이면 그만큼 상업시설은 더욱 발달하게 되고, 이러한 순환구조야말로 주변 지가를 상승시키는 직접적인 요인이 된다.

대형 쇼핑몰이 전무했던 은평뉴타운 한복판에 2016년 12월 롯데몰 은평점이 오픈했다. 부지면적 3만 3천m², 연면적 16만m²에 이르는 상당히 큰 규모의 쇼핑몰이다. 지하 2층부터 지상 9층까지 이어지는 롯데몰에는 쇼핑센터는 물론이고 롯데마트, 롯데하이마트, 롯데시네마, 롯데월드 키즈파크, 교보문고, 키즈수영장, 풋살장, 병원, 약국, 차량정비소 등이 입점해 있다. 연신내역에서부터 지축역과 삼송역 일대까지도 롯데몰의 직접적인 수혜 지역으로 평가를 받으면서 인근 주민의 거주 만족도가 크게 올라갔다.

실제로 롯데몰까지 걸어서 5분 이내에 도착할 수 있는 거리에 위치한 은평뉴타운 박석고개 힐스테이트 1단지 아파트 전용면적 84타입의 경우 쇼핑몰 오픈 전후로 가격이 크게 변했다. 오픈 직전인 2016년 9월에는 7층 매물이 5억 8,600만 원에 거래되었는

백화점, 쇼핑몰이 들어서며 입지가 재평가된 5호선 하남검단산역 일대

데, 오픈 이후 거주 만족도가 높아지면서 개장 약 1년 후인 2017년 11월에는 6억 5천만 원에 거래되었다. 2018년 10월에는 14층 물건이 8억 5,200만 원에 거래되기도 했다.

2016년 9월에는 스타필드 하남점과 신세계백화점 스타필드 하남점이 오픈했다. 개장 첫날 5시간 동안 6만 명 이상의 고객이 방문하는 기록을 남기기도 했다. 이후 5호선 하남검단산역이 2021년 3월 개통되면서 하남시의 대중교통이 획기적으로 개선되었다. 신

부동산 투자, 기본으로 돌아가라

세계백화점과 스파필드를 방문하는 고객의 숫자도 폭발적으로 증가했고 이 지역의 입지가 재평가를 받게 되는 계기가 되었다.

강남과 불과 30분 거리에 위치한 이곳에 백화점과 대형 쇼핑몰이 동시에 생기자 주변 부동산은 들썩이기 시작했다. 하남검단산역 역세권 아파트이자 스타필드까지 도보 2~3분이면 갈 수 있는 곳에 대명강변타운 아파트가 있다. 이곳의 전용면적 84타입의 경우 백화점과 쇼핑몰이 오픈하기 전인 2016년 1월에는 4억 2천만 원이었지만, 개장 이후 1년 뒤인 2017년 12월에는 5억 500만 원에 11층 물건이 거래되었다. 2018년 12월에는 20층 물건이 6억 2천만 원에 거래되면서 3년도 되지 않는 시간 동안 약 50% 상승했다.

2017년 8월 지하철 3호선 삼송역 인근에 스타필드가 오픈했다. 축구장 50개 넓이에 달하는 36만 4천m^2 규모 내부에는 100여 개 맛집과 560여 개 쇼핑 브랜드가 들어섰다. 스타필드에서 약 400m 떨어진 곳에는 삼송아이파크2차가 있는데, 입주 초기 2015년에는 4억 6,500만 원에 거래되었지만 스타필드 오픈 이후 2017년 10월 6억 3,300만 원에 거래되었다. 약 1년 후인 2018년 12월에는 7억 2,700만 원에 25층 물건이 팔렸다. 대형 쇼핑몰의 등장으로 생활의 불편함이 해소되자 주변 아파트 시세가 상승한 것이다.

스타필드와 삼송아이파크2차 위치

    한국부동산원에서 2018년에 발표한 〈대형 복합쇼핑센터가 주변 아파트 가격에 미치는 영향〉이라는 제목의 학술지에는 흥미로운 연구 결과가 담겨 있다. 스타필드 하남의 경우 복합쇼핑센터와의 거리가 1m 멀어질수록 아파트 가격이 3.3m²당 280원 감소하는 것으로 분석되었다. 성인 걸음으로 거리가 1분 늘어나면 3.3m²당 집값이 2만 2,400원씩 감소하는 것이다. 또한 쇼핑몰 오

부동산 투자, 기본으로 돌아가라

픈에 따른 아파트 실거래가 영향 범위는 반경 약 2km로 분석되었다. 이 학술지에 따르면 반경 2km 안에 대형 편의시설이 있거나 설립 계획이 있는 아파트를 주목할 필요가 있다.

3. 의료시설

세 번째는 의료시설이다. 특히 대학병원과 같은 3차 의료기관이 아파트 주변에 있다면 장점이 많다. 나이가 들수록 건강에 대해 누구도 확신할 수 없기 때문이다. 지금 건강에 문제가 없다 하더라도 위급한 순간에 언제든지 달려갈 수 있는 대학병원이 근처에 존재한다는 것만으로도 큰 위안이 된다.

대학병원에는 진료를 위한 시설뿐만 아니라 암센터, 치매연구센터, 장기이식연구소 등 연구시설도 함께 들어선다. 따라서 지역 내 고용 창출 효과가 크고, 지역민들의 삶의 수준도 높아진다. 의사, 간호사, 병원 관계자 등에서 발생하는 임대차 수요도 크다. 안정적인 임대차 시장이 형성됨에 따라 투자 리스크도 낮아진다. 꼭 대학병원이 아니더라도 응급실이 있는 2차 의료기관급 병원이 아파트에서 차로 5분 이내 거리에 도달할 수 있는지 점검해볼 필요가 있다.

향후 대학병원이 새롭게 건립되는 지역에 관심을 두는 것도 도움이 된다. 경기도 시흥시 서울대학교 시흥캠퍼스 내에는 총

○ 주요 대학병원과 주변 대표 아파트

대학병원	주변 대표 아파트
경희대학교병원	신현대, 회기힐스테이트
고려대학교 안암병원	래미안안암, 안암골벽산
서울대학교병원	명륜아남1~3단지
가톨릭대학교 서울성모병원	래미안퍼스티지, 반포자이, 반포미도
신촌세브란스병원	마포그랑자이, e편한세상신촌, 신촌숲아이파크
서울아산병원	파크리오, 잠실올림픽공원아이파크, 한강극동
이대목동병원	목동신시가지1~6단지
중앙대학교병원	아크로리버하임, 롯데캐슬에듀포레, 흑석한강센트레빌
한양대학교병원	서울숲리버뷰자이, 서울숲더샵, 서울숲삼부

800병상 규모의 시흥배곧서울대학교병원이 2029년 완공을 목표로 설립될 예정이다. 병원은 지하 2층~지상 12층(연면적 11만 7천여 m²) 규모로 전국 최초로 진료·연구 융합형 종합병원으로 건립된다. 병원 내에는 암센터와 심뇌혈관센터 등 6개 전문 진료센터와 27개 진료과가 들어서며 뇌인지바이오헬스 복합단지 등이 구축된다.

청라국제도시에는 지하 2층~지상 19층(연면적 16만 5,899m²) 약 800병상 규모의 서울아산청라병원이 지어질 예정이다. 이곳에서는 중증 해외 환자와 암센터, 심장센터, 소화기센터, 척추·관절센터 등을 구축하는 등 환자 중심 최첨단 스마트병원 진료 환경이 제공될 예정이다. 또한 연세대학교의료원은 인천 송도에 있는 연세대 국제캠퍼스 부지에 지하 3층~지상 15층 800병상 규모의 송도세브란스병원을 2029년 개원을 목표로 건립할 예정이다. 인하대병원은 김포메디컬캠퍼스에 700병상 이상 규모의 종합병원 건립을 준비 중이다. 총 3개 동(연면적 1만 5,874m²)으로 대학원·도서관·교육원 등과 외래 및 검사시설, 중환자실 및 수술실, 입원 병동, 특화센터 등으로 구성되며 총 사업비는 8,100억 원이다.

4. 취미, 레저 관련 시설

최근 커뮤니티 시설이 보편화되기는 했지만 2008년 이전 지어진 아파트의 경우 여전히 시설이 열악하거나 없는 단지가 대부분이다. 이러한 약점을 보완할 수 있는 시설이 아파트 주변에 있는지도 확인할 필요가 있다.

예를 들어 강남구 수서동에는 수영장, 체육관, 헬스장 등의 시설이 갖춰진 시립수서청소년센터가 있어 주민들의 건강한 취미활동을 지원하고 있다. 커뮤니티 시설이 본격적으로 도입되기 전에 지어진 주변 푸른마을, 샘터마을, 목련, 까치마을, 상록수 등에 거주하는 주민들이 이용하기에 편리하다. 한편 송파구 주민들은 잠실종합운동장에 있는 수영장이나 올림픽공원 내에 있는 수영장 혹은 송파YMCA수영장을 이용한다. 커뮤니티 시설이 부족한 잠실엘스, 리센츠, 트리지움 아파트의 약점을 잘 보완하고 있다. 성동구 성수동 1가에 있는 성동구민종합체육센터는 수영장, 헬스장, 체육관, 스쿼시장, 문화강좌실 등을 갖추고 있다. 뚝섬역과 서울숲역 주변 서울숲쌍용, 뚝섬중앙하이츠빌, 동아, 한진타운에서 이용하기에 편리한 위치에 있다.

5. 자연환경

마지막으로 아파트 주변에 자연을 즐길 수 있는 공간이 있는지 확인해보자. 산, 강, 호수, 하천, 공원 등의 자연환경은 쾌적한 주거환경을 제공하고 여유로운 회복의 시간을 만들어준다. 일원동 상록수, 가람은 대모산을, 서초포레스타 5~7단지는 청계산을, 홍은풍림아이원과 북한산래미안, 북한산힐스테이트1차는 북한산을 즐기기에 좋다. 아크로서울포레스트, 갤러리아포레, 트리마제에서는 서울숲을 이용하기에 편리하며, 서초네이처힐 주민들은 양재시민의숲에서 여유로운 시간을 보내곤 한다. 잠실 레이크팰리스에서는 석촌호수의 아름다운 경치를 감상할 수 있고, 장안래미안1차에서는 중

랑천에서 조깅을 즐길 수 있으며, 이매성지7단지 주민들은 탄천에서 운동하며 건강을 관리한다. 만족도 높은 주거지가 되기 위해서는 아파트만 있어서는 안 된다. 생활에 편리한 기반시설과 여유를 즐길 수 있는 자연환경이 잘 갖춰져 있는지 보다 넓은 시야로 아파트 주변까지 세심하게 살펴봐야 한다.

맞벌이 출퇴근이
편해야 선택을 받는다

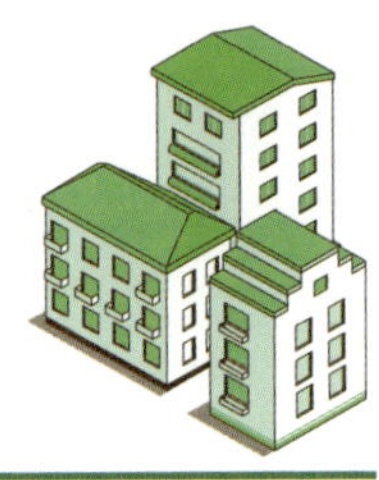

한국부동산원에서 발표한 매입자 연령대별 아파트 매매 거래량을 보면, 2025년 3월 매매 신고된 서울 아파트 9,349건 가운데 40대가 전체의 33.8%(3,158건)를 매수해 연령대별 1위를 차지했다. 40대는 10년 이상의 직장생활을 통해서 안정적인 수입을 기대할 수 있는 시기다. 특히 더 큰 자금을 빠르게 활용할 수 있는 대기업 직장인들의 움직임을 살펴보면 투자의 방향을 설정하는 데 큰 도움이 된다.

부동산 투자를 하기 위해서는 일정 규모 이상의 종잣돈이 필요하다. 평범한 직장인이 종잣돈을 모으는 가장 일반적인 방법은 급

부동산 투자, 기본으로 돌아가라

기업명	평균 연봉	기업명	평균 연봉
대림산업	22,412만 원	포스코홀딩스	14,261만 원
LG	19,885만 원	현대오일뱅크	13,892만 원
메리츠증권	19,738만 원	한진칼	13,232만 원
롯데지주	16,911만 원	하나증권	13,196만 원
신한금융지주회사	16,807만 원	교보증권	12,784만 원
한국투자금융지주	16,632만 원	현대위아	12,574만 원
하나금융지주	16,562만 원	대림산업	22,412만 원
에이치디현대	16,554만 원	현대오토에버	10,120만 원
SK텔레콤	16,137만 원	대한항공	11,005만 원
삼성증권	15,455만 원	현대건설	11,102만 원
S-OIL	15,059만 원	현대모비스	13,210만 원
삼성전자	10,376만 원	카카오	10,165만 원
현대자동차	12,383만 원	LG	19,885만 원
에스케이하이닉스	11,391만 원	에이치엠엠	10,834만 원
KCC	8,338만 원	현대엘리베이터	9,774만 원
네이버	12,708만 원	한국토지신탁	12,486만 원
삼성카드	14,959만 원	주식회사 빗썸	11,573만 원
지에스칼텍스	14,849만 원	위메이드	11,497만 원

여를 저축하는 것이다. 대기업의 장점 가운데 한 가지는 높은 연봉과 인센티브에 있다. 따라서 대기업에 다니면 종잣돈을 남들보다 더욱 빠르게 만들 수 있고, 부동산 투자에서도 좀 더 유리한 입장에 놓이게 된다.

잡코리아에서 공개한 주요 대기업 평균 연봉을 살펴보면, 대기업에 다니는 맞벌이부부의 경우 매년 약 1억 원씩 저축하는 데 큰 어려움이 없을 것으로 보인다. 저축과 더불어 재테크와 투자를 병행한다면 더 큰돈을 모을 수 있는 가능성이 높다. 대기업에 다니는 이들은 미래의 가장 유망한 부동산 투자자이자 좋은 아파트를 추구하는 유력한 수요층이다. 따라서 이들의 관점에서 아파트를 바라볼 필요가 있다.

대기업으로의 출퇴근 편의성과 아파트 시세의 상관관계를 살펴보기에 앞서 주요 대기업 본사 혹은 서울 사무실 위치를 확인해보자. 강남구, 서초구, 송파구에 19개 기업이 있고, 중구, 종로구, 마포구, 용산구에 29개 기업, 그리고 영등포구 여의도에 8개 기업을 확인할 수 있다. 판교 주변으로 16개 기업이 위치해 있다. 따라서 대기업 분포에 따라 지역을 크게 강남지구, 광화문·을지로지구, 여의도지구, 판교지구로 구분할 수 있다.

○ 코스피 시가총액 상위 기업 주소

기업	주소
엔씨소프트	경기도 성남시 분당구 대왕판교로644번길 12
카카오뱅크	경기도 성남시 분당구 분당내곡로 131
NAVER	경기도 성남시 분당구 불정로 6
KT	경기도 성남시 분당구 불정로 90
한국타이어앤테크놀로지	경기도 성남시 분당구 판교로 286
SK바이오사이언스	경기도 성남시 분당구 판교로 310
삼성중공업	경기도 성남시 분당구 판교로227번길 23
카카오(판교아지트)	경기도 성남시 분당구 판교역로 166
SK바이오팜	경기도 성남시 분당구 판교역로 221
에스디바이오센서	경기도 수원시 영통구 덕영대로1556번길 16
삼성전기	경기도 수원시 영통구 매영로 150
삼성전자	경기도 수원시 영통구 삼성로 129
삼성SDI	경기도 용인시 기흥구 공세로 150-20
녹십자	경기도 용인시 기흥구 이현로30번길 107
SK하이닉스	경기도 이천시 부발읍 경충대로 2091
한국조선해양	경기도 성남시 분당구 분당수서로 477
메리츠금융지주	서울시 강남구 강남대로 382
GS	서울시 강남구 논현로 508

기업	주소
GS리테일	서울시 강남구 논현로 508
F&F	서울시 강남구 언주로 541
현대모비스	서울시 강남구 역삼1동 테헤란로 203
크래프톤	서울시 강남구 테헤란로 231
DB손해보험	서울시 강남구 테헤란로 432
POSCO(서울사무소)	서울시 강남구 테헤란로 440
삼성물산(건설부문)	서울시 강동구 상일로 6길 26
삼성엔지니어링	서울시 강동구 상일로6길 26
LG이노텍	서울시 강서구 마곡중앙10로 30 E1/E3
대한항공	서울시 강서구 하늘길 260
넷마블	서울시 구로구 디지털로26길 38
유한양행	서울시 동작구 노량진로 74
S-Oil	서울시 마포구 백범로 192
삼성생명	서울시 서초구 서초대로74길 11
삼성증권	서울시 서초구 서초대로74길 11
삼성화재	서울시 서초구 서초대로74길 14
현대차	서울시 서초구 헌릉로 12
기아	서울시 서초구 헌릉로 12
현대글로비스	서울시 성동구 왕십리로 83-21
롯데케미칼	서울시 송파구 올림픽로 300

부동산 투자, 기본으로 돌아가라

기업	주소
롯데지주	서울시 송파구 올림픽로 300
삼성에스디에스	서울시 송파구 올림픽로35길 125
한미사이언스	서울시 송파구 위례성대로 14
한미약품	서울시 송파구 위례성대로 14
메리츠증권	서울시 영등포구 국제금융로 10 Three IFC
KB금융지주	서울시 영등포구 국제금융로8길 26
HMM	서울시 영등포구 여의대로 108
NH투자증권	서울시 영등포구 여의대로 108 파크원
LG	서울시 영등포구 여의대로 128
LG디스플레이	서울시 영등포구 여의대로 128
LG화학	서울시 영등포구 여의대로 128
LG전자	서울시 영등포구 여의대로 128
오리온	서울시 용산구 백범로 90다길 13
아모레퍼시픽	서울시 용산구 한강대로 100
아모레퍼시픽그룹	서울시 용산구 한강대로 100
LG유플러스	서울시 용산구 한강대로 32
LG생활건강	서울시 종로구 새문안로 58
맥쿼리인프라	서울시 종로구 우정국로 26
현대건설	서울시 종로구 율곡로 75
SK	서울시 종로구 종로 26

기업	주소
SK아이이테크놀로지	서울시 종로구 종로 26
SK이노베이션	서울시 종로구 종로 26
GS건설	서울시 종로구 종로 33
고려아연	서울시 종로구 종로 33 그랑서울 타워1
SKC	서울시 종로구 종로1길 50
팬오션	서울시 종로구 종로5길 7
CJ대한통운	서울시 종로구 종로5길 7
CJ제일제당	서울시 중구 동호로 330
한진칼	서울시 중구 서소문로 117
삼성카드	서울시 중구 세종대로 67
이마트	서울시 중구 세종대로7길 37
신한지주	서울시 중구 세종대로9길 20
우리금융지주	서울시 중구 소공로 51
쌍용C&E	서울시 중구 수표로 34
SK텔레콤	서울시 중구 을지로 65
하나금융지주	서울시 중구 을지로 66
기업은행	서울시 중구 을지로 79
미래에셋증권	서울시 중구 을지로5길 26
금호석유화학	서울시 중구 청계천로 100
한화솔루션	서울시 중구 청계천로 86

기업	주소
현대제철	인천 동구 중봉대로 63
삼성바이오로직스	인천 연수구 송도바이오대로 300
셀트리온	인천 연수구 아카데미로 23

1. 강남지구

강남지구에는 주요 대기업뿐만 아니라 강남역, 신사역을 중심으로 한 중대형 규모의 병원들, 테헤란로의 IT 기업들, 전문직이 밀집한 법조타운 등이 있어 고소득 자영업자, 직장인이 많은 것이 특징이다. 또한 삼성역, 영동대로, 잠실 일대 대규모 개발로 인해 수년 내에 더욱 많은 고소득자가 밀집될 것으로 예상된다. 교통이 잘 발달된 강남지구의 출퇴근 범위는 광범위하다. 2호선 봉천역에서 강남역까지는 10분대, 신분당선을 이용할 경우 광교에서 강남역까지 20분대, 7호선을 타면 중계동에서 고속터미널까지는 30분대에 도착하는 것이 가능하다.

이러한 지역 중 최근 특히 옥수동에 대한 수요가 높아졌다. 맞벌이부부들 가운데 남편은 강남으로, 아내는 광화문으로 출근하는 등 각자의 직장이 남북으로 분산되어 있는 경우가 적지 않기 때문이다. 옥수동은 강남지구는 물론이고 광화문·을지로지구 등 시내 중심으로 출근하기에도 유리한 위치다.

지하철 3호선 옥수역 초역세권 옥수하이츠는 1998년에 준공된 774세대 아파트다. 20년이 넘은 구축임에도 불구하고 강남지구는 물론 광화문·을지로지구까지 출퇴근이 가능해 수요층이 풍부하다. 또한 한강을 즐길 수 있다는 장점으로 높은 평가를 받고 있다. KB부동산에 따르면 2018년 6월 서울 아파트 평균 매매가는 7억 3천만 원 수준에서 2025년 6월 13억 8,174만 원으로 오르면서 약 89% 상승했다. 같은 기간 옥수하이츠 전용면적 84타입 물건은 2018년 6월 8억 5천만 원에서 2025년 6월 25억 원에 거래되면서 194% 상승률을 기록했다. 서울 아파트 평균 매매가 상승률보다 2배 이상 오른 저력을 보인 것이다.

강남지구로의 출퇴근을 고려할 때 빼놓을 수 없는 지역은 흑석동이다. 흑석동은 강남지구는 물론 여의도로의 출근도 편리하다. 지하철 9호선 급행을 타지 않고도 흑석역에서 선정릉역까지 18분이면 도착할 수 있고, 여의도역까지는 8분밖에 걸리지 않는다. 흑석역에서 걸어서 5분이면 도착할 수 있는 흑석한강센트레빌1차는 2011년에 준공된 655세대 아파트다. 이 아파트 전용면적 84타입의 경우 2025년 10월 13층 물건이 24억 5천만 원에 거래되었는데, 2018년 1월에 거래된 9억 9천만 원과 비교하면 14억 6천만 원 오른 금액이다. 인근에 위치한 아크로리버하임 아파트 전용면적 84타입 물건이 34억 원이 넘는 수준에서 거래되는 것과 비교하면 강남지구 출퇴근이 용이한 가성비 좋은 아파트라고 볼 수 있다.

2. 광화문·을지로지구

광화문·을지로지구에는 대기업, 대형 은행, 보험사, 외국계 기업, 관공서, 언론사 등이 밀집되어 있다. 또한 수천 명의 직원이 근무하는 국내 최대 규모의 대형 법률사무소도 있다. 광화문·을지로지구도 강남지구와 마찬가지로 출퇴근 가능한 곳의 범위가 꽤 넓다. 길음동에서 을지로까지 버스로 30여 분이면 도착할 수 있고, 상암동에서도 40여 분이면 출근할 수 있다. 특히 공항철도로 인해 인천 계양역에서 서울역까지 30분 이내에 도착하는 것도 가능하다.

광화문·을지로지구 직장인은 마포, 공덕, 아현을 선호하는 현상이 두드러진다. 최근에는 가성비 좋은 통일로 라인의 아파트가 주목을 받기 시작했다. 특히 여러 재개발 사업으로 신축 아파트가 공급 중인 서대문구 홍제동에 대한 수요가 높아진 상황이다. 3호선 홍제역과 무악재역을 이용할 수 있는 홍제센트럴아이파크는 2018년 12월부터 입주를 시작한 906세대 아파트다. 이 아파트는 2025년 4월 전용면적 84타입 물건이 13억 4천만 원에 거래되었다.

홍제동을 대표하는 또 하나의 단지로 1,116세대 규모의 2021년 12월 준공된 홍제역해링턴플레이스 아파트가 있다. 3호선 홍제역을 이용할 경우 대기업, 외국계 기업, 대형 법률사무소, 정부 기관 등이 밀집한 경복궁역까지 6분, 대기업 본사가 있는 안국역까지 8분이면 도착할 수 있다. 버스전용차로가 잘 구축되어 있기 때문에 버스를 타도 불과 15분이면 도착할 수 있다. 광화문·을지로지구로의 출퇴근에 있어 최적의 입지를 자랑한다. 현재 이곳의 전용면적 84타입은 15억 원 전후로 거래되고 있다.

3. 여의도지구

여의도지구는 고액 연봉의 금융권 직장인들로 붐비는 것이 특징이다. 언론사, 방송사, 국회, 정치 관련 종사자들도 많이 볼 수 있다. 지하철 5호선과 9호선 덕분에 다양한 지역에서 여의도지구로의 이동이 수월해졌다.

이 중 젊은 세대에게 인기가 높은 지역으로 가양동, 등촌동 일대를 꼽을 수 있다. 지하철 9호선 급행을 이용할 경우 가양역에서 여의도역까지는 불과 11분밖에 걸리지 않으며, 강남지구 한복판인 선정릉역까지는 28분이면 도착할 수 있다. 가양동에 위치한 1,476세대 가양6단지 전용면적 58타입 15층 물건의 경우 2018년

8월 4억 8,500만 원에 거래되었는데, 최근에는 10억 원까지 거래가 나오면서 2021년 최고 실거래가인 9억 9,500만 원을 갱신했다.

신길뉴타운 역시 여의도지구 직장인이 선호하는 지역 중 한 곳이다. 지하철로는 다소 복잡하지만 버스로는 20여 분 정도면 여의도역에 도착할 수 있으며, 7호선 신풍역을 이용하면 고속터미널역까지 20분 이내에 도착할 수 있어 강남지구로 이동하기에 용이하다. 신길뉴타운 완성 초기인 2015년에 들어선 949세대 래미안프레비뉴가 이 지역의 가장 대표적인 대단지 아파트다. 이후 신축인 래미안에스티움, 신길센트럴아이파크, 보라매SK뷰, 신길센트럴자이, 힐스테이트클래시안, 신길파크자이가 지속적으로 공급되어 뉴타운 시너지 효과를 만들기도 했다. 래미안프레비뉴 전용면적 84타입의 경우 2017년 6월 18층이 6억 2,200만 원에 거래되었고, 2년 후에는 10억 5천만 원에 팔리기도 했다. 최근에는 16억 원 중반에서 거래가 이뤄지고 있다.

4. 판교지구

마지막으로 주로 IT 기업이 밀집된 판교지구를 살펴보자. 판교지구라고 하면 보통 성남, 분당, 용인 등을 떠올리지만 신분당선과 함께 성장한 광교를 빼놓을 수 없다. 신분당선 광교중앙역 앞에는

1,764세대의 자연앤힐스테이트가 자리 잡고 있다. 신분당선 광교라인이 개통되기 1년 전인 2015년 3월 자연앤힐스테이트 전용면적 84타입은 5억 9,800만 원에 거래되었는데, 이제는 18억 5천만원 수준에서 거래되고 있다. 경기도청이 완공되어 직장인의 유입이 크게 늘어났고 신분당선 개통으로 판교까지 20분대, 강남역까지 30분대에 도착할 수 있게 되면서 이 지역에 대한 만족도가 크게 증가했기 때문이다.

하지만 직주근접을 고려할 때 중소기업 분포도 함께 살펴봐야한다. 왜냐하면 직장인 100여 명 중 85명은 중소기업에서 월급을 받고 있기 때문이다. 통계청에서 공개한 2023년 기준 종사자 규모별 사업체 수에 대한 자료에는 이와 같은 사실이 분명하게 나타나있다.

전국 624만 6천여 개 사업체 가운데 직원 300명 미만인 사업장은 약 624만 개로 99.92%에 이른다. 그리고 이 99.92%의 회사에 근무하는 사람들은 전체 근로자 2,544만 명 중 85%인 2,153만 명이다. 출퇴근 시간, 지하철 객차 한 칸에 100여 명이 타고 있다고 가정해보자. 모두 코스피 시가총액 상위권 기업으로 출근하는 것처럼 보이지만, 사실 이 중 대기업 종사자는 15명도 되지 않는 셈이다. 100여 명 중 85명은 중소기업에서 월급을 받고 있는 것이 현실

○ 종사자 규모별 사업체 수(2023년 기준)

종사자 규모	사업체 수	비율	종사자 수(명)	비율
계	6,246,489	100%	25,445,897	100%
1~4명	5,395,505		7,704,182	
5~9명	485,839		3,082,523	
10~19명	200,594		2,643,438	
20~49명	110,170	99.92%	3,286,521	85%
50~99명	33,944		2,326,741	
100~299명	15,817		2,493,591	
300~499명	2,288		863,205	
500~999명	1,438	0.08%	992,679	15%
1,000명 이상	894		2,053,017	

자료: 통계청

이다. 우리가 직주근접을 고려할 때 중소기업 분포를 함께 살펴봐야 하는 이유다.

그럼 85%의 직장인, 그러니까 약 2,153만 명 이상이 근무하고 있는 중소기업은 어느 지역에 많이 있을까? 한 채용공고 사이

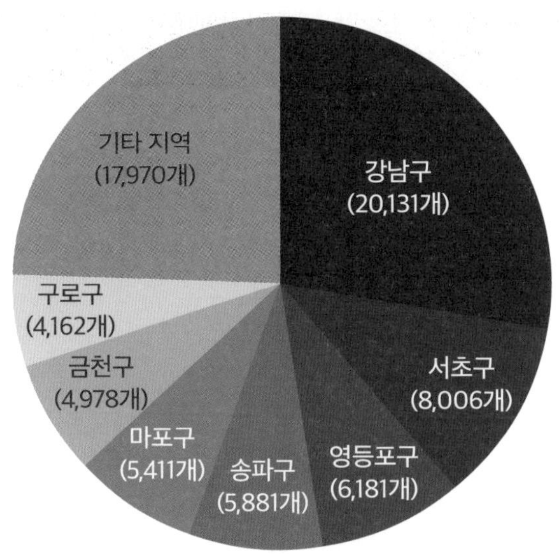

트에 등록된 기업들의 위치를 보면 대략적으로 짐작해볼 수 있다. 2025년 7월 기준 서울 지역에서 직원 채용을 희망하는 기업의 수는 약 7만 2천여 곳이다. 이 중 강남구, 서초구, 영등포구, 송파구, 마포구, 금천구, 구로구에 위치한 기업이 전체의 75%를 차지하고 있다.

지하철 출퇴근 정보를 살펴봐도 위 지역에 기업이 많이 위치해

부동산 투자, 기본으로 돌아가라

직원 300명 미만 기업 및 승하차 상위권 지하철역 위치

있다는 사실을 알 수 있다. '서울 열린데이터광장'에 공개된 지하철 승하차 인원 정보를 살펴보니 강남구, 송파구, 구로구, 금천구, 관악구가 승하차 인원 상위권을 기록했다.

직원 300명 미만의 기업 위치를 주황색 원으로, 승하차 상위권 지하철역을 파란색 원으로 표시한 지도를 보자. 결국 자연스럽게 위 지역으로 출퇴근이 편리한 곳이 실수요자에게 인기가 높을 수밖에 없다.

구로구 신도림동의 신도림SK뷰 아파트 전용면적 84타입의 경우 2017년 2월 5억 1천만 원에 거래되었는데, 최근에는 11억 원 전후에서 거래되고 있다. 아파트에서 도보로 7~8분 거리에 있는 2호선 신도림역을 이용할 경우 위로는 홍대입구역(10분), 시청역(21분)으로 가기 편하고, 아래로는 구로디지털단지역(5분), 신림역(9분), 강남역(28분)까지도 출퇴근이 수월하다. 2006년 입주한 소규모 단지임에도 불구하고 직주근접 부분에서 실수요자들의 인정을 받았다고 볼 수 있다.

출퇴근 편의성만 고려하면 관악구도 뛰어난 입지를 자랑한다. 2호선 서울대입구역에서 강남역까지 불과 6개 정거장, 12분밖에 소요되지 않는다. 중소기업이 밀집한 구로디지털역까지는 4개 정거장, 7분밖에 걸리지 않는다. 실제로 관악구 봉천동 관악푸르지오 전용면적 84타입의 경우 2025년 10월 기준 10억 원 이상에서 거래가 이뤄지고 있다.

직장인들이 선호하는 지역은 출퇴근이 편리하다는 공통된 특징이 있다. 이들에게 있어 출퇴근에 걸리는 시간은 돈과 연관되기 때문에 '직주근접'은 최고의 미덕으로 꼽힌다. 안정적인 신용을 바탕으로 더 큰 자금을 빠르게 활용할 수 있는 직장인들의 움직임을 살핀다면 투자의 방향을 설정하는 데 큰 도움이 될 것이다.

학교와의 거리는 짧을수록 좋다

    통계청에서 발표한 매입자 연령대별 아파트 매매 거래량을 보면, 2021년 1월부터 2025년 4월까지 전국에서 거래된 아파트 총 204만 5,489건 가운데 30~40대가 104만 3,207건(51%)의 거래를 주도한 것으로 나타났다. 서울의 경우 같은 기간 18만 5,210건 중 11만 5,536건을 30~40대가 거래했는데, 이는 서울 아파트 거래량의 62%에 이른다. 이렇게 초등학교 입학을 앞두거나 재학 중인 자녀를 둔 30~40대가 부동산 시장의 큰손으로 떠오르면서 자연스럽게 '초품아'에 대한 시장의 관심도 커지고 있다.

    한국도로교통공단 교통사고분석시스템(TAAS)에 따르면 최근

○ 매입자 연령별 아파트 매매 거래 현황

구분	연령대	2021년	2022년	2023년	2024년	2025년 (~4월)	합계	비율
전국	소계	669,182	298,581	411,812	492,052	173,862	2,045,489	100%
	20대 이하	41,111	18,045	18,772	17,945	5,594	101,467	5%
	30대	166,281	66,790	109,529	130,973	47,179	520,752	25%
	40대	169,838	71,861	106,272	128,920	45,564	522,455	26%
	50대	127,330	62,704	88,516	105,013	37,059	420,622	21%
	60대	86,820	41,675	56,233	69,418	24,415	278,561	14%
	70대 이상	44,441	20,654	23,825	30,991	11,662	131,573	6%
	기타	33,361	16,852	8,665	8,792	2,389	70,059	3%
서울 특별시	소계	49,751	15,384	36,439	58,282	25,354	185,210	100%
	20대 이하	2,614	862	1,257	1,360	480	6,573	4%
	30대	18,116	4,344	12,048	18,579	8,400	61,487	33%
	40대	13,146	3,632	10,425	18,492	8,354	54,049	29%
	50대	7,523	2,397	6,175	10,579	4,326	31,000	17%
	60대	4,297	1,427	3,284	5,365	2,195	16,568	9%
	70대 이상	2,865	1,164	1,772	3,084	1,329	10,214	6%
	기타	1,190	1,558	1,478	823	270	5,319	3%

부동산 투자, 기본으로 돌아가라

5년간(2015~2019년) 어린이 보호구역 내 어린이(만12세 이하) 교통사고는 총 2,502건(연평균 500건)에 달했고, 이로 인해 2,650명(연평균 530명)의 사상자가 발생했다고 한다. 월별 통계를 보면 신학기가 시작되는 3월부터 교통사고 건수가 급격히 증가해 5월에 사고가 가장 많이 일어난 것으로 나타났다. 학년별로는 초등학교 1~2학년 어린이의 사상자 비중이 가장 높았다.

이처럼 학교 앞 어린이 보호구역도 마음 놓기 어려운 시대다 보니 초등학교 '위치'에 대한 관심이 부쩍 커지고 있다. 지금까지는 초등학교까지의 물리적인 거리에만 초점을 맞췄다면 이제는 초등학교까지의 접근성을 함께 고려하게 된 것이다. 특히 집에서 학교까지 큰 도로를 건너지 않고 통학할 수 있는지 여부가 중요한 선택의 기준이 되었다. 초등학교를 품고 있는 아파트, 소위 '초품아'가 주목을 받게 된 이유다.

서울 마포구 상수동 래미안밤섬리베뉴2차는 서강초등학교 맞은편에 위치해 있다. 비록 아파트와 초등학교 사이에 6차선 도로가 있지만 육교가 있기 때문에 안전한 통학이 가능하다. 이 아파트의 전용면적 84타입 물건은 2023년 8월 14억 9천만 원에 거래되었지만 2년 후에는 20억 7천만 원에 팔리면서 최고가를 기록했다. 한편 래미안밤섬리베뉴2차 아파트 남쪽에 위치한 한강밤섬자이는 같

래미안밤섬리베뉴2차, 한강밤섬자이 위치

은 기간 15억 원에서 19억 원으로 상승했다. 이곳에서 서강초등학교까지는 성인 걸음으로 약 13분가량 떨어진 거리인데, 아이들 걸음으로는 2배 이상 시간이 더 걸릴 수 있다는 점이 시세에 영향을 미친 것으로 보인다.

서울 동대문구에 있는 래미안위브는 2014년에 준공된 2,652세대 아파트다. 이 아파트에서는 걸어서 약 3분 거리에 답십리초등학교가 있다. 큰 길이나 도로를 건너지 않아도 되고, 아파트 단지를 따라서 걸어가면 바로 초등학교에 도착할 수 있다. 이곳의 전용면적 84타입의 경우 2025년 11월 16층 매물이 16억 4천만 원에 거래되었는데, 2년 전에는 11억 4천만 원에 거래된 바 있다. 비교하면 5억 원 상승이다.

한편 인근에는 답십리두산 아파트도 있다. 이곳에서 답십리초등학교까지는 약 700m 떨어져 있기 때문에 성인 걸음으로 10분 정도 소요된다. 게다가 경사진 골목길을 내려와서 큰 찻길을 건너야 한다. 이 아파트 전용면적 84타입은 2025년 11월에 9억 5천만 원에 거래되었다. 2년 전인 2023년 10월 7억 6,500민 원에 거래된 것에 비해 1억 8,500만 원 올랐다.

2019년에 지어진 신축 아파트 답십리파크자이도 답십리초등학교로 배정된다. 초등학교까지는 약 500m 떨어져 있기 때문에 걸어서 8분가량 걸리고 답십리두산 아파트와 마찬가지로 큰 찻길을 건너야 한다. 위 사례와 비슷한 시기 전용면적 84타입은 11억 8천만 원에서 12억 5천만 원으로 7천만 원 올랐다.

초등학교를 안전하고 쉽게 이용할 수 있는 아파트 단지는 높은 상승률(26%)을 기록했지만, 그렇지 않은 곳은 소폭 상승(6%)에 그

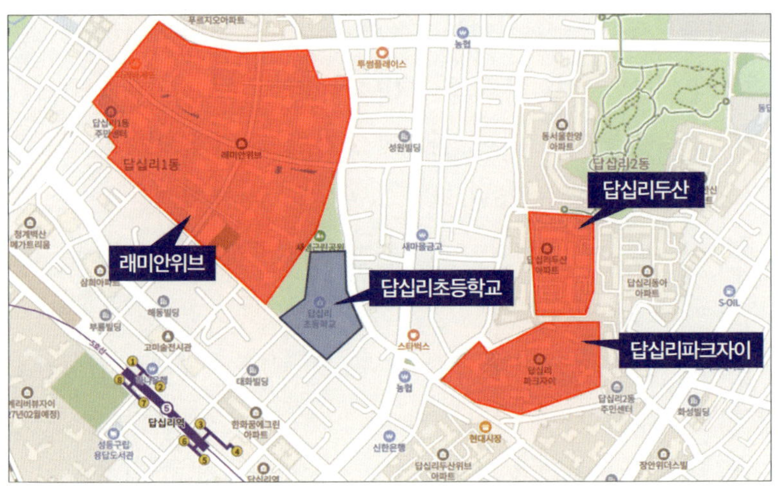

답십리초등학교 인근에 위치한 래미안위브, 답십리두산, 답십리파크자이

쳤다. 같은 지역의 아파트라도 입지에 따라서 차별화는 더욱 심해지고 있음을 알 수 있다.

초등학교와의 거리뿐만 아니라 학교 주변에 형성된 학원가까지 눈여겨본다면 해당 아파트의 입지를 더욱 정확하게 볼 수 있다.

한국교육개발원과 통계청 조사에 의하면 2020년 기준 국내 대학 진학률은 72.5%다. 고등학생 졸업자 10명 중 7명 이상이 대학에 진학한다는 뜻이다. 학부모는 자녀의 경쟁력을 키우고 더 나은

　　　　　　　　　　　부동산 투자, 기본으로 돌아가라

기회를 잡을 수 있는 가장 확실한 길이 '교육'에 있다고 생각한다. 따라서 학부모 수요층은 아파트를 선택할 때 학군과 학원가 형성 여부를 중요하게 따진다.

명문대 진학률이 우수한 학교 근처는 물론이고, 입시 전문가의 도움을 받을 수 있는 대치동, 목동 등과 같은 유명 학원이 밀집한 지역은 늘 수요가 풍부하다. 학교와 학원을 오가는 시간을 10분이라도 아껴주고 싶은 게 부모 마음이기 때문이다. 결국 유명 학원가를 조금이라도 더 빠르고 편리하게 이용하기 쉬운 아파트일수록 '프리미엄'이 형성된다.

강남에 대치동이 있다면 강북에는 중계동 학원가가 있다. 노원구 중계동에는 은행사거리를 중심으로 250여 개가 넘는 학원들이 모여 있다. 학원가 바로 앞에 위치한 중계주공5단지는 1992년에 입주한 2,328세대의 대단지 아파트다. 전용면적 45타입의 경우 2025년 10월에 5억 원에 매매되었고, 전세는 2억 원 초반에서 거래되었다. 한편 1992년에 준공된 중계주공2단지는 전용면적 45타입의 1,800세대 대단지다. 비슷한 시기에 매매는 3억 6천만 원, 전세는 1억 7천만 원에 거래되었다.

연식이 비슷한 두 대단지 아파트는 가격에서 조금 차이가 나는데, 4호선 상계역과 더 가까운 중계주공2단지가 오히려 중계주공

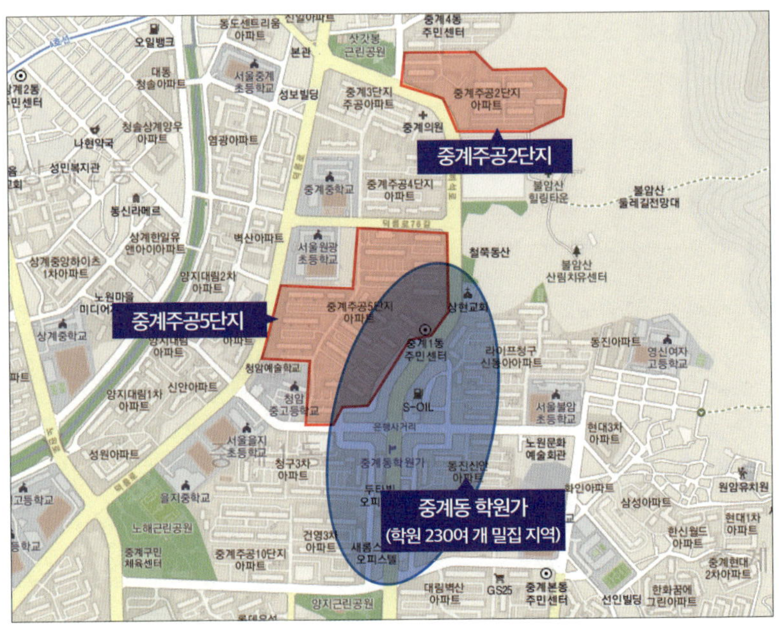

중계동 학원가와 중계주공2단지, 중계주공5단지 위치

5단지에 비해 실거래가가 1억 원가량 낮게 형성된 것을 알 수 있다. 대형 학원가가 아파트 단지 바로 앞에 있는 중계주공5단지와 달리 중계주공2단지는 학원가와 짧게는 700m, 길게는 1km 이상 떨어져 있기 때문이다. 보통 1km 거리는 성인 걸음으로 15분 정도인데 아이들의 경우 2배까지도 소요될 수 있다. 따라서 왕복 최대

부동산 투자, 기본으로 돌아가라

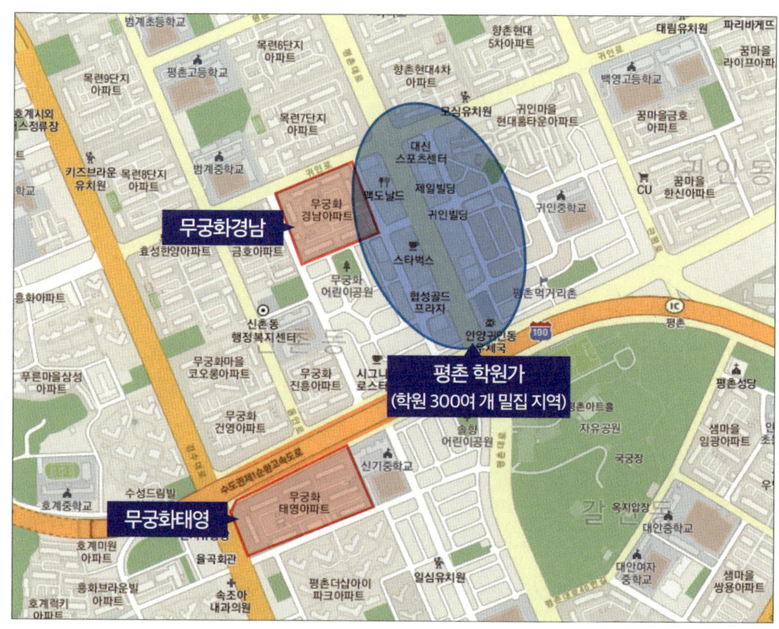

평촌 학원과와 무궁화경남, 무궁화태영 위치

1시간가량 소요될 수 있다는 심리적 부담감이 아파트 시세에 영향을 준 것으로 보인다.

안양시에 위치한 평촌 학원가사거리에도 300여 개의 학원이 모여 있다. 이곳 역시 학원가를 얼마나 이용하기 편리한가에 따라서 아파트 시세가 다르게 나타난다. 평촌 학원가와 인접한 무궁화경남은 1994년 입주한 590세대 아파트다. 전용면적 84타입은 2025년 10월 10억 원에 실거래되었고, 전세는 6억 5천만 원 수준이다. 반면 1992년에 준공된 654세대 무궁화태영은 학원가까지 약 1km 떨어져 있고, 고가도로 밑의 복잡한 교차로도 건너야 한다. 같은 면적의 아파트가 6억 2,500만 원에 매매되었고, 전세는 4억 원 정도에 형성되어 있다.

이 밖에 목동, 잠실동, 명일동, 구의동에도 전통적인 학원가가 있다. 양천구 목동5단지사거리 주변에는 150여 개의 학원이 모여 있으며, 5호선 오목교역과 목동신시가지8단지 아파트 주변에는 200여 개의 학원이 밀집되어 있다. 송파구 잠실동 잠실학원사거리 주변에는 100여 개의 학원이 있으며, 강동구 명일동 신동아 아파트 근처에도 110여 개의 학원이 있다. 또한 광진구 구의동 구의현대2단지 아파트 부근에도 100여 개의 학원이 모여 있다.

그런데 이와 같은 대형 학원가는 새로 형성되기가 쉽지 않다. 대규모 아파트 단지와 같이 충분한 배후 수요가 있어야 하며, 주민들의 연령층과 가족 구성 비율, 그들의 소득 수준 등 여러 가지 조건이 맞아떨어져야 한다. 교육열이 높은 중산층의 유입이 중요하기 때문이다. 무엇보다 동네 아이들뿐만 아니라 인근 지역 학생들까지 쉽게 올 수 있어야 하기 때문에 편리한 교통 여건도 준비되어 있어

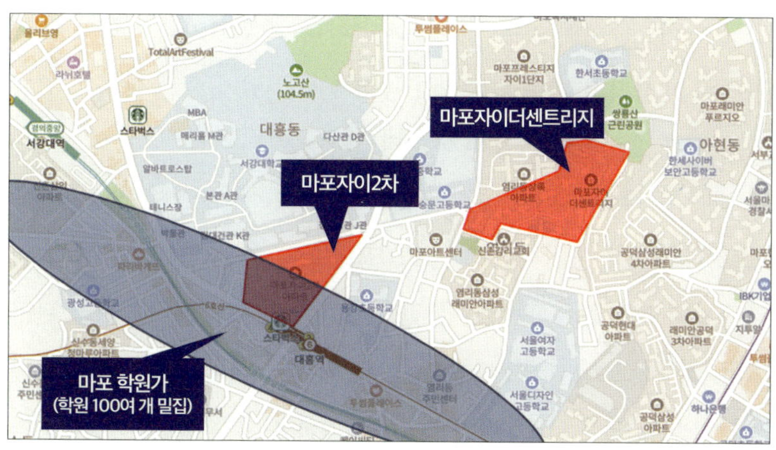

마포 학원가와 마포자이2차, 마포자이더센트리지 위치

야 한다.

그런 점에서 새롭게 학원가가 조성되고 있는 마포구 대흥동의 발전은 인상적이다. 이곳은 이미 '제2의 대치동'이라는 별명이 붙었을 정도로 학원가가 빠르게 성장하고 있다. 최근 마포래미안푸르지오, 마포자이더센트리지, 마포프레스티지자이, 공덕파크자이, 마포자이2차, 마포그랑자이, 신촌숲아이파크 등 주변에 대단지 아파트가 들어서면서 교육열 높은 고소득 중산층이 대거 유입되었다. 대치동과 목동의 유명 대형 학원의 분점이 들어서면서 대흥동 일대

상가 임대료는 2배 가까이 뛰었다고 한다. 학원가가 생기면서 주거 환경이 개선되고 거주 만족도가 높아지자 학원가 주변 아파트 시세까지 함께 끌어올리는 효과가 나타났다.

대흥동 학원가 바로 앞에는 마포자이2차 아파트가 있다. 본격적으로 학원가가 들어서기 전인 2018년 1월 10억 4,500만 원에 거래되었던 전용면적 84타입 물건은 불과 3년 만에 17억 원을 넘어섰고, 2025년 10월에는 25억 3천만 원에 거래되었다. 마포자이더센트리지 아파트 전용면적 84타입의 경우 2025년 10월에 24억 원에 거래되었는데, 불과 2년 전까지만 해도 15억 원대 수준이었다.

초등학교와 가까이 있는 아파트 단지는 시세의 이점뿐만 아니라 쾌적한 환경까지 누릴 수 있다는 장점이 있다. 「교육환경 보호에 관한 법률」에 따라 학교 경계로부터 직선거리 200m 이내에는 청소년 유해시설, 오염물질 배출시설 등이 들어설 수 없기 때문이다. 학교가 밀집된 지역 주변에는 학원, 독서실, 스터디룸 등의 교육시설이 조성되는 경우가 많아 건전한 면학 분위기 형성에 큰 도움이 된다. 자녀 유무에 관계없이 초품아가 각광받는 이유다. 초등학교와의 거리뿐만 아니라 학교 주변에 형성된 학원가까지 눈여겨본다면 자녀의 경쟁력을 키우는 동시에 만족스러운 투자 성과까지 거둘 수 있을 것이다.

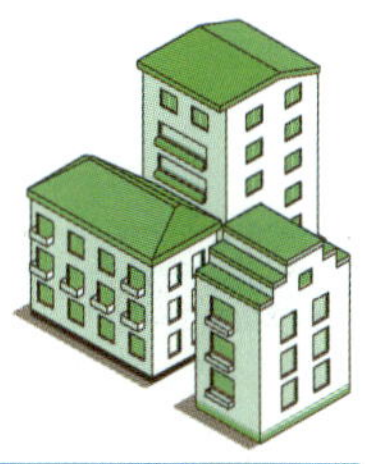

밀어주고 끌어주는 동료가 필요하다

신축 아파트가 들어서면 주변에 있던 기존 아파트 단지에 다양한 영향을 미치게 된다. 우선 신축 아파트에는 단지 내에 공원과 녹지 공간, 커뮤니티 시설 등이 마련되므로 주변 지역의 전반적인 주거환경이 크게 개선되는 효과를 가져온다. 또한 입주민이 증가하면서 대형마트, 쇼핑몰, 식당가, 병원, 학원 등 생활편의시설도 함께 들어서기 때문에 긍정적인 효과를 기대할 수 있다.

무엇보다도 새 아파트는 인근 아파트 시세에 긍정적인 영향을 준다. 아파트 공급이 없던 지역에 새 아파트가 들어서면 지지부진했던 주변 구축 아파트 시세의 상한선은 한순간에 높아진다. 신축

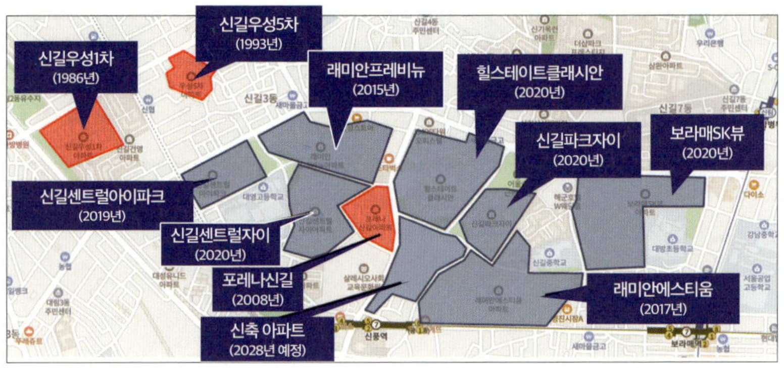

신축과 구축이 조화를 이룬 신길뉴타운

아파트가 구축 아파트보다 한 단계 높은 시세를 형성하면서 가격을 함께 끌어올리기 때문이다. 이러한 현상은 특히 새 아파트와 인접한 아파트 단지에서 볼 수 있다.

신길뉴타운에서도 이와 같은 현상을 확인할 수 있다. 영등포구 신길동 주변 역시 현재 신축 아파트와 구축 아파트가 함께 모여 있다. 2015년 래미안프레비뉴를 시작으로 2017년 래미안에스티움, 2019년 신길센트럴아이파크가 입주했다. 2020년에는 보라매SK뷰, 신길센트럴자이, 힐스테이트클래시안, 신길파크자이 아파트가 들어섰다. 이들 아파트는 7호선 신풍역과 보라매역을 중심으로 서로 인접해 있기 때문에 하나의 거대한 아파트 블록을 형성했다. 신

부동산 투자, 기본으로 돌아가라

길뉴타운은 대규모 재개발 사업으로 여러 신축 아파트가 단기간에 공급되었기에 개발 이전과 완전히 다른 모습으로 변신했다.

신축 아파트가 계속해서 들어서자 한동안 큰 변동이 없던 주변 구축 아파트 시세도 움직이기 시작했다. 1986년에 준공된 신길우성1차는 2010년부터 2016년까지 4억 원대 전후의 시세를 형성하고 있었다. 하지만 반경 1km 안에 2015년 래미안프레비뉴와 2017년 래미안에스티움이 들어서자 가격이 움직이기 시작했다. 2018년 8월 신길우성1차 전용면적 83타입 물건은 6억 8,500만 원에 거래된 반면, 래미안에스티움은 11억 원에 거래되었다. 신축인 래미안에스티움이 구축에 비해서 60% 이상 높게 거래된 것이다. 새 아파트 물량이 어느 정도 수요층에 흡수되면서 그 이후에는 주변 다른 기존 아파트들의 가격 반등을 이끌었다. 신길우성1차는 2019년 7억 3천만 원을 돌파했고, 2021년 11월에는 12억 2,500만 원을 기록했다.

2008년 준공된 포레나신길 아파트의 시세 변화도 눈에 띈다. 이 아파트는 신길뉴타운 한복판에 위치해 있는데, 2017년까지 5억 원대 수준의 시세를 유지하다 주변에 신축 아파트가 들어서기 시작하면서 시세가 올랐다. 서쪽으로는 신길센트럴자이(2020년), 북쪽으로는 래미안프레비뉴(2015년), 동쪽으로는 힐스테이트클래시안(2020년)이 생기면서 포레나신길의 가격도 상승기류를 탔다. 전용면적 84타입의 경우 2018년에 8억 9,800만 원, 2019년에 9억 5천만 원, 2020년에 12억 원을 기록했다. 이후 2021년 7월에는 12억 9,800만 원에 거래가 이뤄졌다.

서울 마포구 공덕동 주변에도 신축 아파트와 구축 아파트가 함께 존재한다. 구축 아파트인 염리삼성래미안, 공덕삼성, 래미안공덕3차, 래미안공덕4차, 래미안공덕5차 전용면적 84타입의 실거래가 추이를 보면 2008년부터 신축 아파트가 들어서기 시작한 2015년까지 시세가 제자리걸음을 하고 있던 것을 볼 수 있다. 공덕삼성은 6억 원 초반, 염리삼성래미안은 5억 원 중반, 그리고 래미안공덕3차는 7억 원 수준에서 머물러 있을 뿐이었다.

하지만 2014년 3,885세대의 마포래미안푸르지오가 들어서고, 2015년 공덕파크자이가 입주하면서 구축 아파트 시세가 서서히 움직이기 시작했다. 이어서 2018년에는 공덕더샵과 마포자이더센트리지, 2020년에는 공덕SK리더스뷰, 2021년에는 1,694세대 마포프레스티지자이가 들어서면서 구축 아파트의 가격을 견인했다. 신축 아파트 시세는 2022년 단기 조정 기간을 제외하면 꾸준하게 상승했고, 결국 2025년 10월경에는 마포래미안푸르지오가 27억 원, 마포자이더센트리지가 24억 원, 마포프레스티지자이가 29억

○ 서울 마포구 공덕동 주변 신축, 구축 시세 추이

(단위: 만 원)

아파트명	준공	2008년	2015년	2018년	2021년	2025년
공덕삼성	1999년	62,000	64,000	120,000	162,500	184,000
염리삼성 래미안	2001년	57,500	55,000	95,500	154,500	179,000
래미안 공덕3차	2004년	75,500	72,000	120,000	171,000	190,000
마포래미안 푸르지오	2014년	-	84,500	156,000	194,500	270,000
마포자이 더센트리지	2018년	-	-	138,000	183,000	240,000
마포프레스티지 자이	2021년	-	-	165,000	199,000	296,000

6천만 원에 거래되었다.

신축 아파트가 구축 아파트보다 30~40% 이상 높은 시세로 거래되자 저렴한 구축 아파트가 주목을 받기 시작했다. 2016년까지 6억 원대 시세를 유지하고 있던 래미안공덕4차 전용면적 84타입의 경우 2018년 8억 7천만 원에 실거래되었고, 2020년에는 13억 4천만 원에, 그리고 2025년 9월에는 19억 원에 거래되며 최고가 기록을 세웠다.

　구축인 공덕삼성 아파트의 시세 변화도 두드러진다. 공덕삼성 바로 앞에 공덕파크자이가 2015년 입주를 시작하면서 시세에 변곡점이 되었다. 2017년 6월에 공덕삼성 전용면적 84타입은 6억 9천만 원에 거래되었는데, 같은 달 공덕파크자이가 37% 높은 가격인 9억 5천만 원에 거래되었다. 또 2년 후인 2019년 6월에는 공덕삼성 전용면적 84타입 23층 물건이 10억 1천만 원에 거래되었는데, 바로 다음 달에 공덕파크자이 15층 같은 면적 물건이 14억 1,500만 원에 거래되어 공덕삼성보다 40% 높은 가격을 형성했다. 이렇게 신축 아파트가 시세를 이끌자 공덕삼성도 2020년에는 14억 7천만 원, 2025년 9월에는 18억 4천만 원까지 상승해 키 맞추기에 나섰다.

　아현동과 공덕동 일대 아파트는 비교적 큰 규모의 재개발을 통해 공급되었기 때문에 주변 환경이 크게 개선되는 효과를 가져왔다. 아파트 주변으로 크고 작은 공원이 생기고, 기존에 없던 생활편의시설이 늘어나고, 주변 도심과 여의도 출퇴근을 고려한 직장인들이 많이 입주하면서 주민들의 소득 수준도 높아졌다. 입주민들의 전반적인 만족도가 높아지자 이 지역에 대한 선호도가 개선되면서 같은 생활권인 인근 구축 아파트까지 높은 관심을 받게 된 것이다.

　　　　　　　부동산 투자, 기본으로 돌아가라

결국 이러한 선순환이 구축 아파트의 시세 상한선을 크게 올리는 결과를 가져왔다.

한 지역에 많은 물량의 신축 아파트가 공급되면 입주 초기에는 주변 임대차 시장에 직접적인 영향을 주기 때문에 일시적으로 전월세 시세가 낮아지기도 한다. 신축 아파트로 인해서 입주민이 증가하면 주변 교통 체증이 심해질 수도 있고, 자녀들의 학교 배정 경쟁이 치열해질 수 있는 가능성도 존재한다. 또한 고층 아파트가 들어서면서 기존 아파트에서의 일조권이나 조망권이 침해되는 문제가 발생하기도 한다.

그럼에도 신축 아파트는 주변 구축 아파트의 시세를 이끄는 힘을 지녔다는 것을 기억해야 한다. 신축 아파트는 주변 구축 아파트보다 한 단계 더 높은 시세를 형성하면서 구축 아파트와의 갭을 벌리게 되고, 그럼 구축 아파트는 그 갭을 서서히 줄여가곤 한다. 따라서 신축 아파트가 지속적으로 공급되는 지역을 찾으면 새로운 투자 기회가 보일 것이다.

결국 중요한 건
강남까지의 거리다

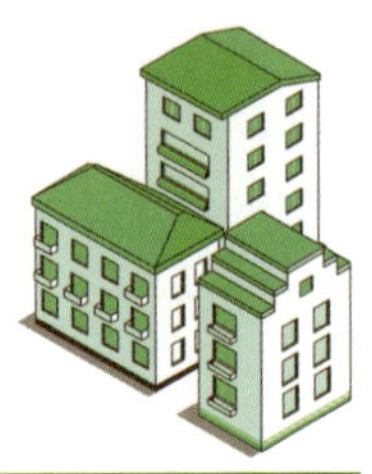

　새롭게 지하철역이 생기고 교통환경이 좋아지면 아파트의 주거환경과 투자 가치는 크게 개선된다. 일반적으로 지하철은 집값을 3번 올리는 것으로 알려져 있다. 신설 계획이 발표될 때, 착공될 때, 그리고 준공될 때에 맞춰 주변 집값이 요동치기 때문이다. 계획 발표 시점에서는 인프라 개선에 대한 기대감이 반영되고, 실제 눈에 보이는 착공이 진행되면 투자자들이 몰리게 된다. 그리고 이어서 준공 이후 실거주 여건이 크게 좋아지면 외부인의 유입이 증가한다.

　특히 지하철 개통으로 강남 접근성이 좋아지면 그 효과는 더욱 크게 나타난다. 예를 들어 2021년 3월 27일 개통된 지하철 5호선

부동산 투자, 기본으로 돌아가라

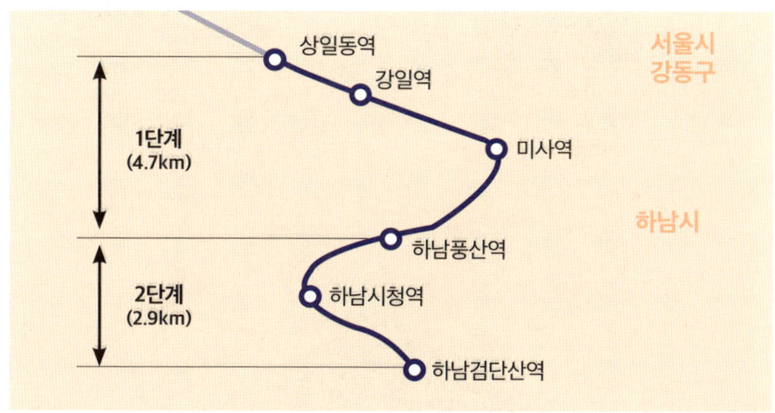

자료: 국토교통부

하남선 연장 구간이 대표적이다. 연장 구간을 통해 상일동역에서부터 강일역, 미사역, 하남풍산역, 하남시청역, 그리고 종착역인 하남검단산역까지 약 7.7km 구간의 5개 역을 이용할 수 있게 되었다. 버스로 약 1시간가량 걸리던 하남에서 잠실역까지를 이제 지하철로 30분이면 닿을 수 있게 된 것이다. 지하철 개통으로 강남 접근성이 개선된 대표적인 사례다.

강남 접근성이 개선되자 아파트 시세도 움직이기 시작했다. 강

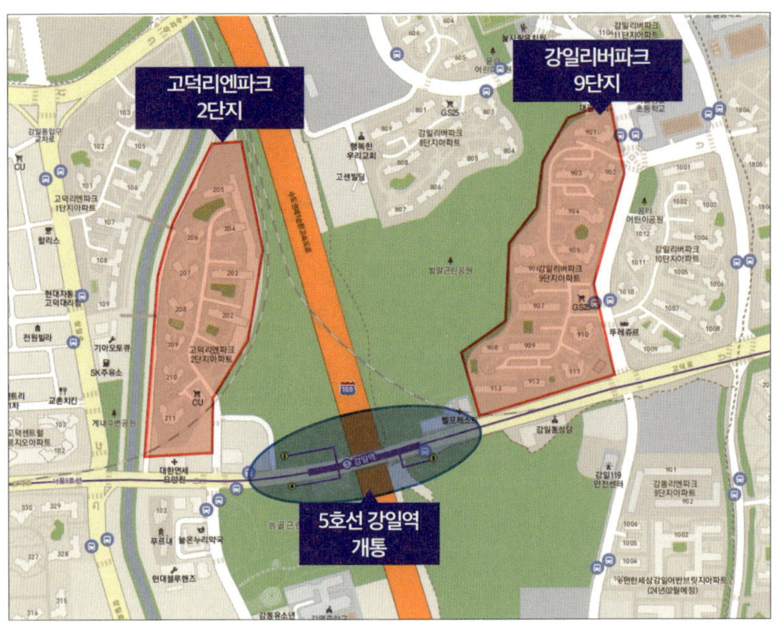

고덕리엔파크2단지, 강일리버파크9단지 위치

일역 역세권 아파트 강일리버파크9단지 전용면적 84타입 물건은 지하철 개통 약 1년 전인 2020년 1월까지만 해도 8억 2천만 원에 거래되었지만, 지하철 개통 후인 2021년 10월에는 12억 원에 거래되었다. 강일역에서 불과 약 150m 떨어진 고덕리엔파크2단지 전용면적 84타입도 지하철 개통 직후인 2021년 10월에는 12억

부동산 투자, 기본으로 돌아가라

자료: 국토교통부

7,500만 원에 거래되었는데, 이는 1년 전보다 4억 4천만 원 상승한 값이다.

2024년 8월에는 지하철 8호선 연장선이 개통되었다. 8호선 암사역에서 시작해 1,280m 길이의 한강 밑바닥을 통과한 후 구리시와 남양주시 별내읍까지 이어지는 12.906km 구간에 6개 역을 설치하는 1조 3,403억 원 규모의 사업이었다. 구리시에서는 경의중앙선 외에는 서울로 나갈 수 있는 지하철 노선이 따로 없기 때문에 이번 사업으로 강남 접근성이 대폭 향상되었다. 실제로 남양주시

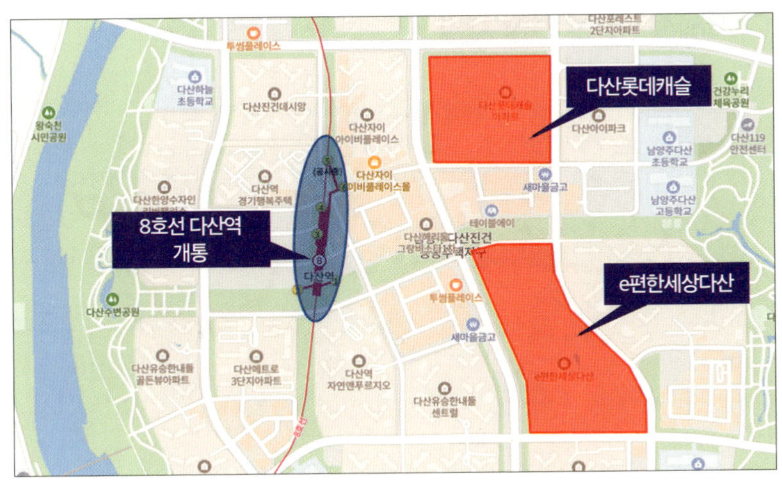

8호선 다산역 주변 다산롯데캐슬, e편한세상다산 위치

별내에서 잠실까지 20여 분이면 도착할 수 있게 되었다. 따라서 지하철 개통을 앞두고 구리, 다산, 별내 지역의 아파트 시세는 상승세를 이어갔다.

신설된 다산역에서 불과 약 200m 떨어진 곳에 위치한 다산롯데캐슬 아파트 전용면적 84타입은 다산역 개통 1년 전에는 7억 원대에도 거래가 있었다. 하지만 잠실까지 한 번에 갈 수 있는 8호선 지하철 개통 이후인 2024년 9월에는 같은 면적이 9억 2,500만 원에 거래되었고, 현재 매물 호가는 11억 원 수준이다. 다산롯데캐슬

부동산 투자, 기본으로 돌아가라

맞은편에 위치한 e편한세상다산 아파트도 비슷한 흐름을 보였다. 2023년 초에는 7억 원 초반에서 거래되었지만 지하철 개통 이후 2024년 겨울에는 9억 원 가까이 매매되었다. 지하철역까지 걸어서 5분이면 도착할 수 있는 초역세권 아파트로의 입지 변화가 생긴 것이다.

지난 2009년에는 9호선 1단계 개통으로 강남 접근성이 크게 좋아진 가양동, 흑석동, 반포동 아파트들이 큰 폭의 상승을 기록했다. 또 최근에는 5호선과 8호선 연장 개통으로 강동구와 하남 일대, 그리고 구리시와 남양주시의 아파트들이 상승했다. 그럼 앞으로 어떤 사업이 강남 접근성을 크게 개선시킬 수 있을까?

1. 지하철 9호선 4단계 연장 사업

우선 지하철 9호선 4단계 및 추가 연장 사업이 있다. 9호선은 2009년 1단계, 2015년 2단계, 2018년 3단계 구간이 개통되어 현재는 '개화역~마곡나루역~여의도역~고속터미널역~종합운동장역~중앙보훈병원역'까지 41.4km 구간에 걸쳐 운행 중이다. 4단계 연장 사업은 중앙보훈병원역에서 시작해 길동생태공원역, 한영외고역, 고덕역을 경유해 고덕강일1지구까지 4.12km 구간에 4개 지하철역을 설치하는 사업이다. 고덕역에서는 지하철 5호선과 환승

자료: 국토교통부

도 가능하다. 9호선 4단계까지 개통되면 강동 지역과 송파, 강남, 서초, 동작, 영등포, 강서 지역이 동서로 직접 연결된다.

9호선 4단계 연장 사업에 관심을 가져야 하는 이유는 강동하남남양주선 광역철도 건설 사업으로 인해 앞으로는 9호선이 강동을 지나 하남, 남양주까지 연장되기 때문이다. 8개의 역이 신설되는 이 사업

부동산 투자, 기본으로 돌아가라

이 완성되면 남양주 왕숙1지구와 왕숙2지구에서 잠실, 삼성, 반포 등 강남 주요 지역으로의 출퇴근이 크게 개선될 것이다. 특히 삼성동 영동대로 개발과 잠실 마이스(MICE) 사업지가 9호선 지하철역을 중심으로 진행되고 있다 보니, 이 2가지 사업의 파급력은 상당할 것으로 예상된다.

2. 제4차 국가철도망 구축계획

좀 더 긴 호흡으로 장기적인 투자를 고려하고 있다면 '제4차 국가철도망 구축계획'을 참고하는 것이 좋다. 이는 2021년부터 2030년까지 향후 10년간 총 120조 원에 가까운 재원을 투입해 철도 운영의 효율성을 제고하고, 비수도권 광역철도를 확대해 수도권 교통 혼잡을 해소하겠다는 계획이다. 이를 통해 47만 명의 고용 유발 및 255조 원의 경제적 파급 효과를 기대할 수 있게 된다. 여기에는 철도망 구축의 기본 방향과 노선 확충 계획, 소요 재원 조달 방안 등이 담겨 있어 투자에 참고할 부분이 많다.

강남과의 물리적 거리를 극복할 수 없다면, 앞으로 강남만큼 개발이 될 곳을 선점하는 것도 좋은 방법이다. 개발 호재의 종류는 다양하다. 예를 들어 전통시장 현대화 사업은 해당 지역 발전에 큰 도움이 된다. 아파트 단지 주변에 근린공원이 조성되는 것 역시 쾌적한 생활에 도움이 된다. 광역버스 노선 신설도 출퇴근이 편리해지니 좋은 호재다. 물론 재건축·재개발과 같은 도시정비사업도 빼놓을 수 없다. 하지만 실현 가능성이 높은 대형 개발사업에 집중해야 한다는 것을 잊지 말아야 한다. 규모가 클수록 아파트 시세에 더 큰 영향을 미칠 것이기 때문이다.

3장.

시장은 왜 예상대로 움직이지 않는가?

왜 지금, 행동경제학인가?

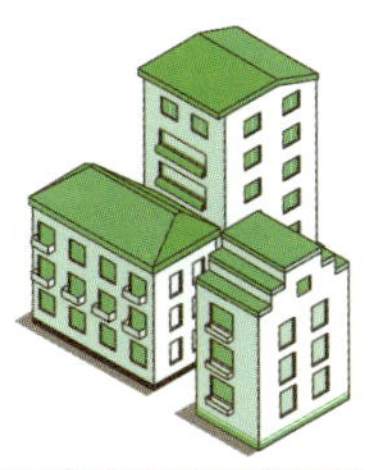

우리는 스스로를 매우 합리적인 인간이라고 생각하고 있다. 어떤 것이 최선의 이익인지를 고민한 후에 객관적인 판단 기준을 세우고 냉철하고 합리적인 결론을 내린다고 생각한다. 특히 경제적인 의사결정을 할 때는 입수할 수 있는 모든 정보를 바탕으로 완벽한 판단을 통해서 최선의 선택을 한다고 믿는다.

하지만 우리가 실제로 하는 행동은 꼭 그렇지만은 않다. 우리는 즉흥적이고, 충동적이고, 주관적인 사고를 지니고 있기 때문에 때때로 불완전하고 편향된 결정을 내리고 만다. 정보와 지식이 부족하거나 순간의 욕심으로 인해서 어리석은 판단을 하게 된다. 우리의 행동은 심리적인 요인에 더 많은 영향을 받는 것으로 보인다.

예를 들어 1년 동안 고생한 나를 위해서 2개월 치 월급을 일주일 휴가비로 다 써버리기도 한다. 다이어트 결심을 세우고 피트니스센터에 6개월 등록하지만 일주일도 못 다닌다. 학부모 모임에서 무시 받지 않기 위해 수입차는 필수라고 생각한다. 그래서일까? 인간의 불완전하고 편향된 사고를 자극하는 메시지를 화장품, 미용의료기기, 의약품, 휴대폰, 명품, 자동차, 아파트 등 다양한 분야에서 마케팅에 사용하고 있다. 합리적인 결정을 내리는 데 방해가 되는 요인이 넘쳐나고 있다.

한편 온라인으로 가성비 있는 옷과 화장품을 구매하고, 마트에서 과일과 삼겹살을 구매하는 행동은 충분한 연습과 다양한 학습을 통해서 완벽하게 할 수 있는 수준에 이르렀다. 그래서 가격 비교를 하고 최저가를 찾아내는 데 대부분이 전문가다. 하지만 아파트를 계약하고, 수억 원의 대출을 실행하고, 주식 투자를 결심하는 등 비교적 큰돈이 드는 일에 대해서는 충분한 연습과 학습이 되어 있지 않다. 의사결정 자체의 질은 낮아질 수밖에 없다. 여기에 우리가 가지고 있는 편향된 마음과 알 수 없는 심리상태, 착각, 오류 등이 결합되면서 돌이킬 수 없는 결정을 내리곤 한다.

아파트를 사고파는 사람들은 다양한 생각을 가지고 행동한다.

객관적인 분석이나 데이터는 없지만 서울 아파트가 한동안 올랐기 때문에 그냥 시기상 떨어질 때가 되었다고 생각한다. 뉴스에서 아파트 상승에 관한 기사가 나오자 나만 손해를 볼 것 같은 불안감에 부동산을 알아보기 시작한다. 시세가 하락했지만 아까워서 팔지 못하기도 한다. 괜히 투자했다가 잘못될까 겁이 나서 아무것도 하지 못하기도 한다. 강남은 이제 끝물이라고 생각하고, 급매가 거래된 소식을 듣고 이제 폭락장이 온 것 같아 보인다. 먹고 살기도 바쁜데 머리 아픈 부동산 투자까지 신경 쓸 여유가 없다. 지금은 조금 힘들지만 막연하게 10년 후에는 부자가 될 수 있을 것이라고 믿는다.

사람들은 자신만의 확고한 생각과 판단에 따라서 신중하게 행동하는 것으로 보인다. 하지만 모두에게 만족스러운 투자 결과가 뒤따르는 것은 아니다. 부동산 투자에는 실수가 없어야 한다. 따라서 행동경제학 관점에서 부동산 투자 결과에 영향을 미치는 사람들의 심리와 행동들을 살펴보고 점검할 필요가 있다. 실수를 줄이고 합리적인 결정을 내리는 데 도움이 될 것이다.

이제 떨어질 때가
된 것 같아

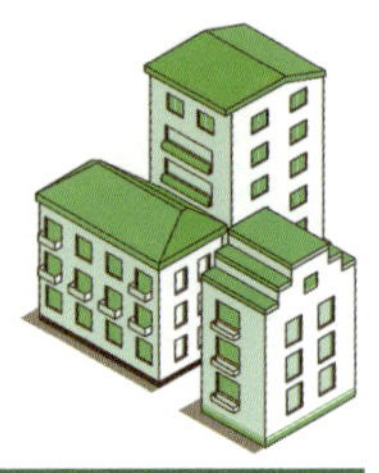

　초등학생 자녀가 있는 가정에서는 소위 초품아 아파트를 선호하는 현상이 나타난다. 이들에게 아파트 근처에 백화점과 대학병원이 있다는 것은 나쁘지 않은 옵션 정도에 불과하다. 오히려 집에서부터 신호등을 건너지 않고 안전하게 학교까지 갈 수 있는 아파트를 가장 매력적으로 생각한다. 주변이 개발되는 것보다 학군이 좋고 유명 학원가가 있는 단지를 선호할 수밖에 없다. 반면 성인 자녀를 둔 가정은 학군은 큰 문제가 되지 않는다. 오히려 지하철 역세권인지, 쇼핑과 여가를 즐길 수 있는 편의시설이 가까이 있는지, 공원과 대학병원이 인근에 있는지 등 다른 요소를 우선적으로 살펴본다.

부동산 투자, 기본으로 돌아가라

1. 자기 중심성

아파트 입지 선호도에 있어서 사람마다 기준이 다른 이유는 자기 중심성이 강하게 작용하기 때문이다. 자기 중심성이란, 내가 어떤 것을 알고 좋아한다고 해서 다른 사람들도 당연히 그것을 알고 좋아할 것이라고 여기는 편향된 사고방식을 말한다. 자기 중심적인 편향성을 갖게 되면 내 기준에서만 좋아 보이는 아파트를 선택하기 쉽다. 내가 출퇴근하기 편리한 곳에 위치한 아파트를, 아이 양육을 위해 부모님댁과 가까운 곳에 있는 아파트를, 자녀의 대학 진학에 유리한 학군지에 위치한 아파트를 선택하게 된다.

하지만 우리는 한 집에서 평생을 살지 않는다. 상황은 계속 바뀌고 입지의 우선순위에 대한 기준도 시간이 지날수록 바뀐다. 새 아파트, 더 넓은 집, 더 좋은 아파트로 이사함으로써 주거환경의 만족도를 높이기도 한다. 새로운 직장을 구하거나, 근무지까지의 통근 거리를 단축시키기 위해 이사하기도 한다. 가족 구조가 변경되거나, 경제적인 상황의 변화로 인해 이사하는 수요도 많다. 새 직장을 구하는 순간 기존 직장과 가까워서 선택했던 아파트의 메리트는 한순간에 사라져버리고 마는 것이다.

부동산 거래는 내가 팔려고 내놓은 물건을 누군가가 사야 하고, 누군가가 내놓은 물건을 내가 살 때 이뤄진다. 따라서 성공적인 투자를 위해서는 근시안적인 관점을 내려놓고, 나에게만 좋아 보이는 아파트를 고르기보다는 누구나 살고 싶어 하는 곳을 선택하는 것이 유리하다.

2. 자신감

부동산이든 주식이든 돈을 잃을 것이라고 생각하면서 투자하는 사람은 없다. 내가 투자하면 반드시 돈을 벌게 될 것이고, 심지어 시장도 이길 수 있다고 생각하기 마련이다. 자신감은 자신의 판단과 선택이 옳다고 믿는 심리상태다. 대표적으로 주식 시장의 경우 투자자가 자신감이 높을 때 매수를 하고, 자신감이 떨어질 때 매도하는 경향을 보인다.

자신감의 장점은 바로 실행력이다. 어떤 결정을 내려야 할 때 여러 정보를 바탕으로 합리적인 결론에 이르렀을 경우 자신감이 생기게 되고 과감한 실행으로 이어진다. 결정을 미루거나 결과에 대한 책임이 부담스러워서 실행까지 옮기지 못하는 경우 '그때 샀어야 했는데'와 같은 말만 되풀이하며 후회하게 될 뿐이다.

부동산 투자에 자신감이 더해지면 긍정적인 효과를 기대할 수 있다. 투자 자신감은 시장을 철저하게 분석하고 입지를 꼼꼼하게 비교함으로써 키울 수 있다. 확신에 찬 자신감이 있을 때 기회를 놓치지 않고 최적의 매수 타이밍을 잡을 수 있다. 또한 금리나 정책 등으로 시장 상황이 변해도 흔들림 없이 투자를 이어갈 수 있다.

한편 자기 중심적인 편향성과 자신감이 결합되면 내가 산 아파트가 전국에서 최고라는 인식을 갖게 만든다. 자신감이 높을 경우 주어진 정보를 합리적으로 해석하지 않고, 확실한 정보조차 무시하며, 스스로의 예측이 틀릴 수도 있다는 것을 인정하지 않는 경향을 보인다. 그 결과 비합리적인 결정을 내리고 만다. 자신감을 가리켜 경제학자 존 메이너드 케인스는 '야성적 충동'이라고 표현했을 정도다.

스스로 자신감을 갖게 된 경위를 살펴봐야 한다. 사실에 근거한 투자 전망에 대한 확신인지, 아무런 근거 없는 자신감인지, 아니면 여러 매체가 제공한 프레임에 갖혀서 생긴 것인지 검토해봐야 한다. 만약 장기 투자를 하기로 결정했다면 당장 현재의 수익이 아니라 먼 미래의 수익을 기다리는 장기적 관점의 인내심이 중요하다. 무엇보다도 좋은 선택을 했으며 반드시 만족스러운 수익을 얻게 될 것이라는 자신감이 필요하다.

3. 과신편향

한편 자신감을 넘어서 스스로의 능력이 매우 뛰어나며 자신이 가진 정보가 더 정확하다고 믿는 것을 과신편향이라고 한다. 과신편향을 주의해야 하는 이유는 자신의 예측이 틀리거나 실패할 가능성을 과소평가하고, 스스로 반드시 성공할 것이라는 믿음을 갖기 때문이다. 예를 들어 많은 남성 운전자가 스스로 '운전을 잘하는 편'이라고 생각하는 경향이 대표적인 사례다.

부동산 투자에 있어서 과신편향이 지나치면 투자 실패로 이어질 가능성이 크다. 과신편향에 사로잡힐 경우 자신이 시장 타이밍을 정확하게 예측할 수 있다고 믿는다. 그래서 아무런 객관적인 분석이나 데이터도 없이 '이제 곧 부동산 시장은 폭락하게 될 것이다'라는 믿음을 키워나간다. 한동안 폭등했기 때문에 그냥 타이밍상 떨어질 때가 되었다고 믿는 것이다. 반대로 '지금 투자하면 1년 안에 50% 수익을 볼 수 있다'고 확신하며 무리한 대출을 감행하기도 한다. 지금까지 이룬 한두 번의 작은 성공이 앞으로도 반복될 것이라고 믿기 때문이다. 그 성공을 스스로의 능력이라고 생각하기 때문이다.

이처럼 과신편향으로 인해서 투자 자체를 멀리하거나, 투자 리스크를 과소평가하게 되는 경향이 강해진다. 떨어질 것이라고 믿고 아무것도 하지 않거나 혹은 금리, 공급, 세금 등의 변수가 자신에게는 적용되지 않는다고 생각하며 소위 '무지성 투자'를 이어간다.

나 역시 처음으로 아파트에 투자했을 때, 불과 몇 달 만에 연봉을 훌쩍 넘는 시세차익을 경험했다. 고민할 여지없이 그다음 해에 두 번째 아파트, 그다음 해에 세 번째 아파트를 연달아 매수했다. 스스로의 능력이 매우 뛰어나니 투자만 하면 큰 수익을 빠르게 얻을 수 있다고 믿었다. 월급은 150만 원이었지만 대출 1억~2억 원은 아무것도 아닌 것처럼 느껴졌다. 심지어 이렇게 쉽게 큰 수익이 나는 부동산 투자를 안 하는 사람이 안타까워 보일 정도였다. 하지만 과신편향에 빠져 있었기 때문에 아파트의 정확한 입지 가치나 주변 개발에 대한 정보 역시 자기 중심적으로 해석했다. 합리적이고 이성적인 판단을 하지 못했고 결국 투자는 실패로 돌아갔다.

2008년 3월, 2억 2천만 원을 주고 매수한 서대문구 홍제동 유원하나 아파트는 2016년 8월에 3억 원을 받고 매도했다. 8년 넘게 보유하면서 취득세와 재산세, 양도세 등으로 약 1,500만 원이 들어갔으며, 매수 과정에서 발생한 소송비로 2천만 원 이상을 썼다. 실제 수익은 4천만 원 정도밖에 되지 않았다. 2009년 4월에 2억 1,500만 원에 매수했던 서대문구 홍은동 홍은벽산 아파트는 6년 넘게 보유하고 2억 4,800만 원에 팔았다. 세금과 수수료 등으로 1,100만 원이 나갔기 때문에 실제 수익은 약 2천만 원밖에 되지 않았다. 세 번째로 투자한 아파트 고양시 소만마을의 경우 1억

5,400만 원에 사서 8년을 보유하고 1억 9,100만 원에 매도함으로써 약 2,700만 원 수익에 그치고 말았다.

4. 군중심리

앞에서 살펴본 바와 같이 자신의 선택에 확신이 있다면 적극적으로 투자에 나서게 된다. 하지만 스스로의 선택에 확신이 없다면 다른 사람의 선택에 의존하는 군중심리가 발현된다. 지하철 막차시간까지는 아직 여유가 있음에도 불구하고 다른 승객이 뛰기 시작하면 일단 같이 뛰고 보는 것이 대표적인 군중심리다. 군중심리는 어떤 결정을 내려야 하지만 확신이 없는 상황에서 여러 사람을 따라 하면 최소한 손해는 보지 않을 것이라는 믿음에서 비롯된다. 다른 사람이나 다수의 의견이 옳고 객관적일 것이라는 믿음이 만들어낸 복잡한 심리상태다.

아파트 투자를 할 때도 군중심리가 많은 영향을 미친다. '요즘은 청약이 유행이라고 하더라' 혹은 '15억 원 이하에서는 이 아파트를 꼭 사야 한다' 하는 다수의 생각에 자신도 모르게 영향을 받게 된다. 나 자신이 고민해서 내린 결정보다는 뉴스나 커뮤니티에서 본 다수의 생각과 의견을 신뢰하게 되고 이들의 투자를 따라 하며 안도감을 느끼려는 심리가 작용한다. 뉴스에서는 연일 아파트 폭등에 대한 기사가 나오고 주변에서도 하나둘씩 아파트를 샀다는 소식을 접하면서 '혹시 나만 기회를 놓치고 있는 게 아닌가?' 하는 불안감이 들기 시작한다. 군중심리가 작용하고 있다는 신호로 볼 수 있다.

물론 부동산 투자에 대한 지식과 경험이 부족하다면 다른 사람의 매수 경향을 참고하는 것이 도움이 된다. 실패 확률을 줄일 수 있는 방법이기도 하다. 거래량이 많다는 것은 사고파는 사람이 모두 만족할 만한 결과를 얻었다는 데이터이기 때문에 좀 더 안전하다고 볼 수 있다. 마치 TV 퀴즈쇼에서 방청객 찬스를 통해 다수의 의견을 최종 결정에 반영하는 것과 같다.

문제는 아파트 입지와 투자 가치에 대한 객관적인 정보가 아닌 시장 분위기에 휩쓸려 투자를 감행하는 것이다. 분위기에 편승한 투자는 좋은 결과를 기대하기 어렵다. 상승기에는 고점에 투자하게 되는 경우가 많으며, 마케팅으로 포장된 수익성 없는 물건을 떠안게 되는 경우가 발생하므로 주의가 필요하다. 연예인이 특정 지역의 상업용 건물을 구매했다거나 고급 주택을 매수했다는 기사를 종종 보게 된다. 한 걸음 떨어져서 그 기사를 다시 보면 해당 지역은 유명 연예인이 큰 자금을 들여서 투자한 지역이기 때문에 수익이 높은 안전한 투자처라는 메시지를 내포하고 있다. 이에 휩쓸려 따라서 투자해선 안 된다.

물건과 지역에 대한 정확한 분석 없이 소위 '묻지마 투자'를 하는 경향을 조심해야 한다. 스스로 투자 원칙을 세우고 사전에 입지를 판단하기 위한 기준을 정립해놓아야 한다.

부동산 투자, 기본으로 돌아가라

본전만 찾으면
다 팔아야지

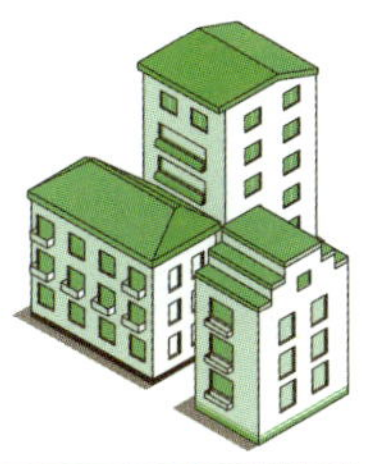

2015년 가을, 파크리오 아파트를 매수할 때의 일이다. 전 집주인 A가 아파트를 샀던 2011년 이후 해당 물건의 시세는 한동안 정체되어 있었다. 7억 800만 원에 샀던 A는 시세가 2012년 6억 원까지 내려갔다가 2014년 다시 7억 원대를 회복하자 급하게 집을 내놓았다. A에게서 손실의 아픔과, 세입자가 집을 잘 보여주지 않아 1년 동안 매도에 발목을 잡혔던 스트레스가 고스란히 느껴졌다. 계약서를 쓰는 과정에서 A는 스트레스에서 조금이라도 빨리 벗어나고 싶다는 다급한 마음에 500만 원을 추가로 깎아주기까지 했다.

투자는 불확실성과 불안이 존재하기 마련이다. 이런 복잡하고 낯선 상황에서 사람들은 어떤 과정을 거쳐서 최종 결정을 내릴까? 냉철하고 합리적인 판단을 유지할 수 있을까? A라고 해서 처음부터 이런 결말을 기대하고 투자한 것은 아니었을 것이다. 부동산 투자에서 이익이 나거나 손해를 보게 될 때 사람들은 각각 어떤 결정을 내리게 될까?

1. 전망이론

다음과 같은 2가지 선택지에서 사람들은 어떤 선택을 많이 할까?

A안: 100% 확률로 500만 원 상금 받기

B안: 70% 확률로 800만 원 상금 받기

경제적으로 생각해보면 A를 선택하면 확정적으로 500만 원을 받을 수 있는 반면, B의 기댓값은 560만 원(800만 원×70%)이다. 따라서 B안을 고르는 것이 이득이다. 하지만 전망이론에 따르면 사람들은 확실한 이익이 보장되는 A안을 선호하는 경향이 있다. 불확실한 큰 이득보다는 확실한 작은 이득을 선호하는 성향 때문이다. 30% 확률이지만 상금을 받지 못하게 되는 상황에 대한 두려움이 합리적인 선택을 방해한다. 위험을 회피하기 위한 심리라고도 볼 수 있다.

그런데 이와 같이 확실성을 우선순위에 두는 경향은 상황에 따라 다르게 나타난다. 다음과 같은 경우 사람들은 어떤 선택을 많이 할까?

A: 100% 확률로 500만 원 손해
B: 50% 확률로 1천만 원 손해

확률 변수에 따른 기댓값을 고려하면 A와 B 모두 손해액은 500만 원으로 동일하다. A를 선택하면 그 즉시 500만 원의 손해가 확정되는 반면, B를 선택하면 50% 확률로 손해를 보지 않을 수도 있다. B에는 불확실한 손해 가능성이 내포되어 있다. 큰 손해를 감수하더라도 대다수는 B를 선택한다. 즉 손해를 보는 상황에서는 오히려 위험을 추구한다고 볼 수 있다.

사람들은 특정 확률로 이득을 보는 것보다 100% 확실한 이득을 선호하고, 100% 확실한 손실보다는 특정 확률로 손실을 보는 것을 보다 선호한다. 이득이 기대되는 상황에서는 확실한 이득을 취하고, 손실이 기대되는 상황에서는 확실한 손실을 피하고 싶은 마음이 드는 것이다. 상황에 따라서 확실성에 대한 선호도가 정반대로 바뀌게 되는 것을 볼 수 있다.

높은 수익을 기대할 수 있지만 불확실한 리스크가 존재하는 재개발 초기보다는 관리처분인가 이후 확실한 수익이 보장되는 물건에 투자하려는 성향도 마찬가지다. 지하철 신규 노선 계획 발표에는 관심이 없다가 실제로 공사하는 모습이 보이면 그제야 투자를 결정하는 경향도 확실한 이득을 선호하는 성향 때문이다.

2. 손실회피

앞서 사람들에게는 100% 확실한 손실보다는 특정한 확률로 손실을 보는 것을 더 선호하는 경향이 있다고 했다. 실제로 손실 상황에서는 확실한 손실을 피하고 싶은 마음이 든다.

손실회피 경향이 나타나는 이유는 간단하다. 올랐다가 떨어지면 심리적으로 느끼는 가치 하락이 더 크기 때문이다. 우리는 이익보다 손실에 대해 더 민감하게 반응한다. 이익과 손실의 크기가 같더라도 가치 면에서는 손실의 절대치를 더 크게 느낀다. 전망이론에서는 이익보다 손실을 약 2.25배 더 크게 평가하는 것으로 나타난다고 설명한다.

효용함수 그래프를 보면 손실에 대해 더욱 민감하다는 것을 확인할 수 있다. 효용함수 그래프는 이익과 손실에 따른 감정의 변화

○ 효용함수 그래프

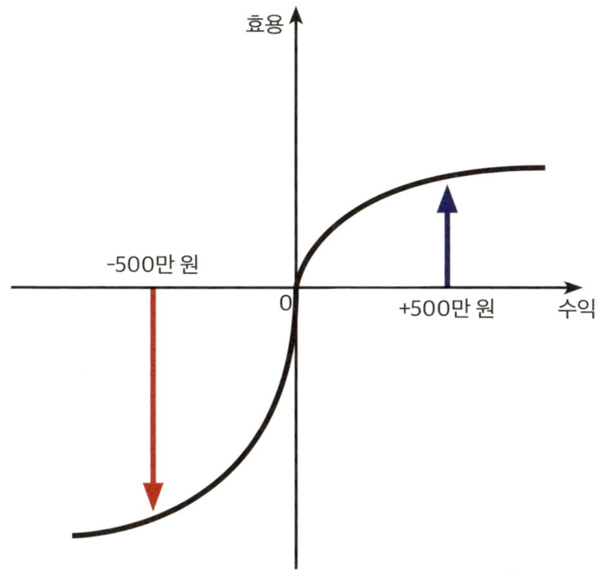

라고 볼 수 있다. 500만 원이라는 같은 크기의 이익과 손해지만 손실 구간에서는 그래프가 더 가파르게 떨어진다. 그만큼 손실의 고통이 크다는 의미다. 한편 이익 구간에서는 그래프의 기울기가 완만하게 올라간다. 이익으로 인한 기쁨은 이익의 크기에 비례하지 않고 무뎌지는 경향이 있다고 볼 수 있다.

그래서 주식이든 부동산이든 조금이라도 오르면 기쁨과 동시에 불안한 마음이 든다. 이는 상승 이후 하락이 올지 모른다는 걱정과 그로 인한 고통이 훨씬 더 크게 다가온다는 것을 본능적으로 알기 때문이다. 그래서 재빠르게 매도함으로써 확실한 이득을 취함과 동시에 손실로 인한 고통을 차단하고 만다. 손실을 벗어나지 못한 경우엔 어떻게 해서든 본전만 되면 바로 팔아버리겠다는 생각을 한다.

2022년부터 2023년 사이 금리 인상으로 인해 부동산에 짧은 조정기가 찾아왔다. 서울 송파구 올림픽선수촌기자촌 아파트의 경우 전용면적 84타입이 2021년 8월 24억 7천만 원에 거래되었는데, 2022년에는 16억 1천만 원까지 내려가기도 했다. 이후 시세가 회복되기 시작하면서 2022년 16건이었던 매매 거래량은 2023년 100건, 2024년 209건, 2025년 상반기에는 114건을 기록했다. 확실한 이득을 취하고 손실로 인한 고통을 차단하기 위한 심리를 증가하는 거래량을 통해서 확인할 수 있다.

나와 비슷한 시기에 강남에 위치한 래미안개포루체하임 아파트를 매수한 지인이 있다. 전용면적 59타입의 경우 2021년 10월에 23억 원의 실거래가를 기록했지만, 2023년에는 15억 9천만 원까지 하락했다. 손실의 고통 속에 힘들어하던 지인은 이후 2024년 봄, 시세가 조금씩 오르자 19억 원 초반에 매도해버리고 말았다. 매수액과 비교하면 여전히 상당한 시세차익을 기대할 수 있는 상황이

부동산 투자, 기본으로 돌아가라

었기 때문에 서둘러서 확실한 이득을 챙긴 것이다. 안타깝게도 지인이 매도 잔금을 치를 때 24억 5천만 원의 거래가 있었고, 그로부터 1년 후인 2025년 여름에는 33억 원 이상의 시세를 형성하게 되었다. 지인은 무언가에 쫓기듯이 매도한 그때의 판단을 여전히 후회하고 있다.

손실을 회피하려다 오히려 피해를 키우는 경우도 있다. 소위 주식에 '물타기'를 계속하는 경우가 대표적이다. 보유한 주식이 하락한 상황에서 더 낮은 가격으로 동일한 주식을 추가 매수함으로써 평균 매입단가를 낮춰보는 것이다. 하지만 시장 상황이 급변하지 않으면 손해는 더 커질 수 있다. 또 보이스피싱에 속아서 이미 송금한 돈을 찾기 위해 더 큰 돈을 입금하는 행동 역시 손실을 회피하기 위한 심리와 연관되어 있다.

손실회피 성향이 강해지면 하락한 주식 또는 부동산을 계속 보유하면서 오히려 손실을 키우는 결과에 직면하기도 한다. 자산을 매도함으로써 확실한 손해가 결정되는 순간, 그 고통이 매우 클 것임을 알기 때문이다. 그래서 비자발적인 장기 투자를 하게 되고, 이 상태에서 조금만 회복되거나 본전이 되는 순간 빠르게 매도해버리는 악순환이 반복된다.

손실로 인한 고통과 손실회피 경향이 워낙 강력하기 때문에 오직 본전이 되는 구간까지 회복되는 데만 집중한다. 결국 추가 상승할 가능성이 있음에도 손실회피 성향으로 인해서 급하게 매도함으로써 기회를 잃게 되는 경우가 많다. 사람들은 이익보다 손실에 대한 고통에 취약하기 때문에 이렇게 비이성적인 결정을 내리는 것이다.

똘똘한 한 채가
역시 최고야

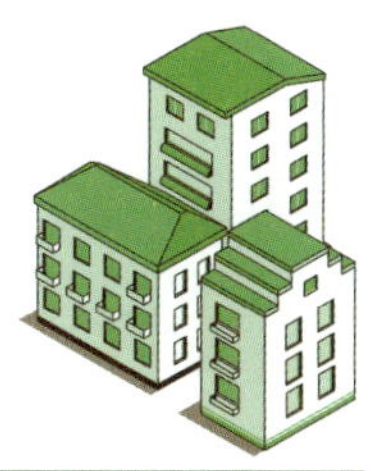

　인간은 누구나 확실한 손실을 피하고 싶어 하는 마음이 있다. 또 생각보다 게으른 우리의 마음은 불확실한 새로운 것에 도전하기보다 현재의 상태를 유지하려는 경향이 있다. 손실과 후회에 대한 두려움은 후회회피 경향으로 드러난다. 후회회피란 어떤 결정을 내린 뒤 좋지 않은 결과가 나와 후회하게 될 상황을 미리 피하고 싶어 하는 심리다. 내가 내린 결정이 잘못되거나 틀린 것으로 드러날 수 있음을 두려워할 때 후회회피 경향이 나타난다.

　우리가 후회하는 경우는 크게 어떤 행동을 하지 않고 후회하는 경우와, 어떤 행동을 했는데 부정적인 결과가 초래되어서 후회하는 경우가 있다. 예를 들어 아직 무주택으로 지내고 있는 사이 집값이 폭등하면 '그때 집을 샀어야 했는데'라고 후회한다. 반면에 대출까지 받아서 집을 샀는데 집값이 내려가면 '그때 집을 사지 말았어야 했는데'라며 후회한다. 이때 손실을 더 크게 받아들이는 경향으로 인해 우리는 어떤 행동을 하지 않아서 초래된 부정적인 결과보다 오히려 어떤 행동을 했을 때 나타난 부정적인 결과를 더 크게 후회한다. '그때 집을 샀어야 했는데'보다는 '그때 집을 사지 말았어야 했는데'라는 후회가 더 아프게 느껴지는 것이다.

시간이 지나고 보니 놓치기 아까운 투자 기회를 그냥 흘려보낸 적이 많았다. 지금은 메이플자이 아파트로 재건축된 서초구 잠원동의 소형 아파트 투자도 그렇고, 딱 2억 원이 모자라서 투자하지 못했던 강남구 영동한양1차 아파트도 그렇다. 여러 이유로 투자라는 실제적인 행동을 하지 못했다. 그로 인해 30억 원이 훌쩍 넘는 시세차익의 기회를 날려버렸다. 하지만 가슴에 사무치게 후회되거나 속이 상해서 밤잠을 설치는 정도는 아니다. 그저 아쉬움이 남을 뿐이다.

한편 투자 초기에 경기도 고양시 행신동에 있는 아파트에 소액으로 투자한 경험이 있다. 양도세를 내면서 매도를 하기는 했지만, 그 아파트를 보유했던 8년간 매일 후회했다고 해도 과언이 아니다.

    부동산 투자, 기본으로 돌아가라

시간을 되돌릴 수만 있다면 계약금을 보내던 그 순간으로, 아니 물건이 있던 공인중개사무소에 처음 갔던 그 순간으로 돌아가고 싶을 정도였다.

이와 같은 후회회피 경향은 일반적이고 잘 알려진 결정을 했을 때보다는, 일반적이지 않고 낯선 결정을 했는데 부정적인 결과가 초래되었을 때 더 크게 다가오는 특징이 있다. 대단지 서울 아파트에 투자했을 때보다 갑자기 추천을 받은 지식산업센터나 생활형숙박시설 등에 투자했을 때 결과가 좋지 않으면 더 큰 후회를 하게 될 수 있다.

잘못된 결과에 대한 후회를 피하고 싶은 자연스러운 마음인 후회회피 경향은 부동산 투자에도 영향을 미친다. 다주택자에 대한 규제로 보유세 폭탄이라는 후회하는 결과를 피하기 위해서 소위 '똘똘한 한 채'를 선호하는 경향이 두드러지게 나타났다. 한국부동산원 자료에 의하면 2024년에 서울에 살지 않는 사람이 서울 아파트를 매수한 비율은 21.5%에 달하면서 역대 최고를 기록했다. 반면 서울 거주자의 지방 아파트 투자 비율은 2025년 1~5월 기준으로 2%밖에 되지 않는 것으로 나타났다. 지방 아파트 100건의 매매 거래 가운데 서울 거주자가 매입한 비율은 2건밖에 되지 않는 것이다.

　서울 아파트와 지방 아파트 시세 사이에 양극화 현상이 점차 심화되면서 전국의 주택 수요가 서울로만 집중되는 결과가 초래되고 있다. 또한 같은 지역 안에서도 소위 대장 아파트라고 불리는 단지를 매수하려는 경향이 높아지고 있다. 특정 지역과 특정 아파트에 대한 수요가 크게 증가하는 가운데, 타 아파트에 대해서는 평가절하하는 태도를 가지면서 부동산 양극화 현상은 더욱 두드러지고 있는 모습이다.

우리 집은 조금 더
받아야 하지 않겠어?

외부인이 봤을 때는 큰 차이가 없어 보이는 비슷한 조건의 아파트지만 통풍이 더 잘되고, 상가 이용과 현관 진출입이 편리하다는 등 갖가지 이유로 매도호가가 더 비싼 물건이 있다. 집을 볼 때 공인중개사의 다음과 같은 설명을 들은 적이 한두 번은 있을 것이다.

"집주인이 이번에 성공해서 이사를 가게 되었어요."
"이 집에서 공부한 아이들이 모두 의대에 합격했어요."
"이 집에서 전세 살던 세입자가 이번에 강남 청약에 당첨되었어요."

시장에서는 객관적으로 받아들여지지 않지만 집주인 입장에서는 매우 특별한 프리미엄이 있다고 생각하는 것이다. 이러한 현상은 소유효과와 관련이 있다. 소유효과는 자신의 소유물에 대해 그 가치를 비이성적으로 높게 평가하는 무의식적인 경향을 말한다.

실제로 시장에서 평가받는 가치보다는 소유 여부 자체가 기준이 되기 때문에 편향성을 가지고 있다고 할 수 있다. 내가 소유한 것을 잃거나 빼앗겼을 때 초래된 손실로 인한 상실감이 매우 크다는 것을 알기 때문에 소유물에 더 높은 가치를 부여하는 심리가 나타나는 것이다. 더 나아가 내 소유물에 대해서는 과대평가를 하게 만들고, 타인의 소유물에 대해서는 과소평가하게 만들기도 한다.

소유효과와 관련된 용어가 있다. 수용의사금액(WTA; Willingness To Accept)과 지불의사금액(WTP; Willingness To Pay)이다. 수용의사금액은 자신이 소유한 물건을 포기하거나 파는 대가로 받아야만 하는 최소 금액을 의미한다. 반면 지불의사금액은 어떤 상품이나 서비스를 얻기 위해 기꺼이 지불할 수 있는 최대 금액을 뜻한다. 대다수의 경우 수용의사금액은 지불의사금액보다 높게 나타난다.

부동산 시장에서도 집주인은 자신의 아파트를 가급적 비싸게 팔려고 하기 때문에 매도호가는 언제나 높기 마련이다. 매수인의 경우 어떻게든 조금이라도 싸게 사려는 심리가 작동하기 때문에 매

부동산 투자, 기본으로 돌아가라

수호가가 그보다 낮은 것과 같은 이치다.

부동산 투자에 있어서 소유효과로 인한 편향성이 나타나는 경우를 자주 볼 수 있다. 현재 보유하고 있는 아파트가 실거주하기에는 좋은데 수년간 시세 변동이 없다면 저평가되었다고 생각하게 된다. 시장도 가깝고, 마을버스만 타면 지하철역도 금방 도착하고, 단지 내에 경사가 있기는 하지만 겨울에만 조심하면 된다고 생각한다. 저평가된 가성비 좋은 아파트지만 사람들이 알아주지 못해서 속상하기만 하다. 가격이 정체된 물건인데 자기 눈에는 긍정적으로 보인다면 소유효과로 인한 편향된 심리일 가능성이 높다.

수년간 전세를 살다가 처음으로 아파트를 매수한 지인이 있다. 내 집을 갖게 되었다는 기쁨에 5천만 원 이상을 들여 깔끔하게 인테리어까지 했다. 6년 정도 실거주를 한 후에 초등학교가 가까운 곳으로 이사를 하려고 집을 내놓았는데, 비슷한 층수의 같은 타입보다 5천만 원 높게 매도호가를 불렀다. 아직 새것 같아 보이는 인테리어 비용을 회수하기 위함이었다. 집을 보러 오는 매수 대기자 입장에선 인테리어를 하려면 최소 3주는 집을 비워야 하는데, 그 기간에 단기로 숙소를 구해야 하니 5천만 원이면 괜찮은 조건이라고 설명했다. 하지만 냉혹한 시장의 판단으로 인해 2년 가까이 집을 팔지 못하고 말았다.

그 사이에 해당 아파트가 속한 지역은 토지거래허가구역으로 지정되면서 실거주를 위한 매수인만 거래가 가능하게 되었고, 추가로 대출 규제까지 나왔다. 결국 최초 매도호가보다 1억 원가량 낮은 급매 계약서에 도장을 찍고 만다. 처음에 곧바로 매도하고 갈아타기를 하려 했던 아파트가 그동안 5억 원 이상 시세가 올라버리면서, 기회비용까지 따지면 큰 손해를 보고 만 것이다.

소유효과의 장점은 소유한 부동산을 향한 높은 애착으로 인해서 장기 보유를 가능하게 한다는 것이다. 흔들리는 시장 분위기에 휩쓸리지 않고 안정적인 투자를 이어나갈 수 있기 때문에 좋은 입지라면 장기적으로 높은 수익을 기대할 수 있다. 반면 지나친 소유효과로 인해 보유한 아파트를 과대평가할 경우 제때 매도하지 못하게 되고, 이로 인한 기회비용까지 잃게 되므로 손해가 더욱 커질 수 있다. 한편 소유효과가 낮을 경우 투자 대상을 재화의 운반체로만 인식하기 때문에 소위 사고팔고를 자주 하게 된다. 짧은 시간 내에 수십 채의 주택을 보유했다가 일시에 매도하는 투자 형태가 소유효과가 낮은 대표적인 예다.

이미 오를 만큼
올랐는데 더 오를까?

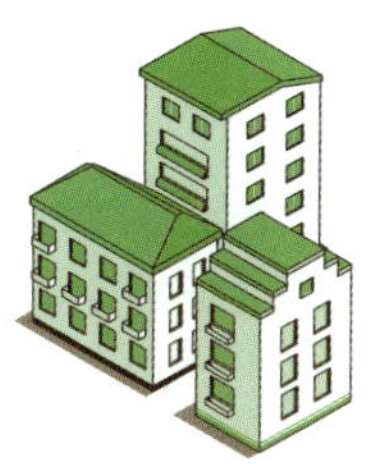

"사장님, 현 세입자가 글쎄 만기 때 보증금을 돌려받을 것이라 생각하고 있는 것 같은데요?"

"저희 래미안개포루체하임 세입자요? 만기가 7개월도 넘게 남았는데 벌써 그런 말을 해요?"

"요즘 26평 전세 시세가 조금 떨어졌거든요. 올해 1월에는 13억 원에도 나갔던 것 아시죠? 이번 달에는 8억 원대 거래도 있었고요."

"그래서 세입자가 뭐라고 하던가요?"

"내년 여름에 만기가 되면 집주인이 전세금 일부를 내주지 않겠느냐고 하더라고요."

미국 뉴욕에서 세 달 살기를 하고 있을 때였다. 부동산으로부터 전화를 받았다. 1년 계약으로 이사를 들어온 지 얼마 되지 않은 임차인이 전세 시세가 떨어지자 좋아하는 모양이다. 이렇게 2022년 겨울 부동산 시장에는 찬바람이 불었다. 미국에서는 1년 내내 기준금리가 올랐고, 국내 금융과 부동산 시장에도 영향을 미쳤다.

연초에 26억 7천만 원에 거래되었던 잠실엘스 아파트는 연말에 19억 3천만 원에 팔렸다. 고덕그라시움 아파트 전용면적 84타입 매매 실거래가도 18억 9천만 원에서 13억 8천만 원으로 떨어졌다. 부동산이 꽁꽁 얼어붙은 상황에서 1만 2,032세대 초대형 아파트 단지까지 분양을 했다. 강동구 올림픽파크포레온 아파트다. 84타입 최고 분양가는 13억 2,040만 원이었다. 하지만 시장의 판단은 차가웠다. 미국 기준금리 인상, 부동산 시장 하락세, 고분양가 논란, 중도금 대출 제한, 공사비 분쟁으로 인한 공사 중단 사태 등 여러 악재가 있었기 때문이다. 비슷한 시기 송파구 대단지 아파트 헬리오시티에서는 전용면적 84타입 물건이 15억 원대에서 팔렸다. 즉 강동구 아파트를 13억 원에 분양받으면 분명히 10억 원 이하로 떨어질 것이라는 시각이 부동산 시장을 지배하고 있었다.

한편 2015년 서초구 잠원동에 있던 10평대 아파트를 보러 간 적이 있다. 조용하고 평화로운 분위기의 작은 단지들이 모여 있었다. 강남 한복판이라는 것이 믿기지 않을 정도로 한적한 분위기가 인상적인 동네였다.

"오빠, 한강도 가깝고 고속터미널도 가까우니 입지는 좋은 거 아니야?"

"그렇기는 한데 이렇게 작은 단지가 재건축이 될까? 딱 보니 200~300세대 단지만 모여 있는 것 같은데, 얘들이 같이 모여서 재건축이 될까?"

"만약 된다고 해도 5층짜리 저층도 아니고 10층이 넘는 아파트일 테니 분담금이 많이 나오겠는데?"

"그럴 것 같지? 재건축이 된다고 해도 한 20년은 걸릴 거야."

아내와 내가 보기에 잠원동 소형 아파트는 입지는 매우 훌륭했다. 하지만 소규모 단지 아파트는 재건축이 쉽지 않다는 편향된 마음이 강하게 작용했고, 결국 잠원동을 투자 대상에서 제외하고 말았다. 하지만 시장의 예상과는 다르게 2025년 가을 올림픽파크포레온 84타입은 32억 5천만 원에 거래되었다. 그리고 잠원동 10평대 아파트는 이제 메이플자이로 바뀌어서 입주를 끝냈다. 2025년 11월 메이플자이 전용면적 84타입의 실거래가는 56억 5천만 원이다.

1. 휴리스틱

이와 같이 우리는 어떤 결정을 할 때 주관적인 판단을 앞세우게 된다. 대충 떠오르는 직감으로 신속하게 판단하려고 한다. 이렇게 자신만의 주관적인 결정 기준이나 규칙을 가리켜 휴리스틱이라고 한다. 직감이나 경험치를 바탕으로 복잡한 의사결정을 단순화시켜서 신속하게 처리하려는 것이다. 그리고 편향이란 어떤 의사결정을 할 때 우리의 심리가 어느 한쪽 방향으로 치우치는 것을 의미한다. 휴리스틱과 편향 모두 우리가 가지고 있는 주관적이고 심리적인 판단 기준이라는 면에서 같은 의미로 사용되기도 한다.

어떤 결정을 해야 할 때 처음에는 시간과 노력을 들여 최대한 많은 정보와 객관적인 자료를 수집한다. 그리고 이를 바탕으로 합리적이고 이성적으로 판단하려고 한다. 하지만 마지막에 가서는 직감이나 감정에 치우친 결정을 내리고 마는 경험을 많이 해봤을 것이다.

물론 휴리스틱 또는 편향성을 바탕으로 의사결정을 하는 것의

부동산 투자, 기본으로 돌아가라

장점도 있다. 일을 단순하게 생각하고 신속한 판단을 내릴 수 있기 때문이다. 과거의 경험에 근거한 직감은 때로는 잘 들어맞을 때가 있다. 주어진 정보가 너무 많으면 우리는 비교 자체를 쉽게 포기하려고 한다. 하지만 감각적인 편향성은 빠른 판단을 하게 도와준다.

사회생활을 시작한 지 얼마 되지 않았을 때였다. 주식에 빠져 있는 동료 직원들이 눈에 들어왔다. 다들 경제 전문가인 것처럼 보였다. 그들에게 휩쓸려 하루 10만 원만 벌겠다는 큰 꿈을 갖고 종잣돈 50만 원으로 주식 투자를 시작했다. 대기업 회사 이름만 보고 매수를 결정했고, 주변에서 반드시 사야 한다는 주식도 샀다. 시시각각 오르고 내리는 차트를 보면서 흥분되어 있는 내 모습은 도박 중독자와 다름없었다. 결국 일주일 만에 원금의 80%인 40만 원을 잃고 말았다.

그 이후 아무리 암호화폐가 폭등을 하고, 미국 주식이 사상 최고가를 기록해도 전혀 관심이 가지 않는다. 주식은 위험한 것이고, 주식으로는 돈을 벌 수 없다는 생각이 자리를 잡았기 때문이다. 주식에 대한 내 경험치가 금융자산 투자에 대한 부정적 편향성을 깊이 새긴 것이다.

부동산 투자 초기에는 강남 아파트에 대한 편향된 시각을 갖고 있었다.

'이미 10억 원에 달하는데 11억~12억 원이 되겠어?'

'인구도 줄어드는데 10억 원짜리 아파트를 살 사람이 어디 있겠어?'

'이미 오를 만큼 많이 올랐는데 설마 여기서 더 오를까?'

오히려 강북의 2억~3억 원짜리 아파트가 3억~4억 원으로 오르는 것이 더 빠를 것이라고 생각했다. 당시에는 사회 전반적으로 '아파트 대폭락'이라는 키워드가 유행하고 있었고, 언론에서는 집주인들을 하우스푸어라고 불렀다. 아무런 근거도 없는 주관적인 내 판단 기준은 5년 넘게 강남 아파트를 향한 투자를 가로막았다.

2. 이용가능성 휴리스틱

한편 우리가 가지고 있는 편향성은 가까운 주변으로부터 쉽게 영향을 받는다. 의사결정을 할 때 우리는 그 문제와 관련된 경험이나 사례를 바로 떠올리게 된다. 특히 최근에 발생했기 때문에 기억에 생생하게 남아 있거나, 많은 양의 언론보도를 통해서 머릿속에 각인된 경우라면 더욱 그러하다. 그리고 이러한 정보를 판단과 결정의 기준으로 삼게 된다.

전기차 화재 소식이 언론에서 계속 보도되자 차량 구매를 앞둔 소비자에게 안전성에 대한 편향성을 심어주게 된다. 실제로 전기차

화재 뉴스가 쏟아진 이후 한 온라인 신차 구매 플랫폼의 전기차 견적 신청 건수가 전달 대비 16.89% 감소했다. 특정 제조사의 전기차는 50%나 줄어든 것으로 나타났다. 아파트 투자를 할 때도 잘 알고 있거나 많이 들어본 지역에만 관심이 가는 경향을 볼 수 있다. 잘 모르는 지역이나 직접 가보지 않은 곳이라면 투자 가치가 없을 것이라고 대충 넘겨짚고 마는 것이다.

이와 같이 최근 발생한 주변의 구체적인 사건이나 경험에 의존한 의사결정 심리를 가리켜서 이용가능성 편향이라고 한다. 잘 알려진 일반적인 이론이나 신뢰할 수 있는 객관적인 데이터보다 주변에서 들은 이야기에 마음이 더 흔들리는 이유가 여기에 있다. 이용가능성 편향은 오랜 과거의 경험보다는 최근의 경험에 더 많은 가중치 부여하는 특징이 있다. 기억이 강렬하기 때문이다. 그래서 '서울 아파트 시세 25주째 상승'과 같은 뉴스를 접하고, 가까운 지인도 부동산 투자로 수익을 봤다는 이야기를 들으면 서둘러서 집을 보러 가게 된다. 수익을 봤다는 한마디 말만 듣고 큰 고민 없이 지인이 추천하는 주식을 매수한다. 자녀의 학원을 고를 때도 같은 아파트에 사는 학부모의 추천만 듣고 결정하게 된다. 큰 수술을 앞두고 병원을 가야 하는 상황에서조차 지인의 사례를 떠올리며 추천받은 병원을 찾게 된다.

최근까지도 세법상 주택 수에 포함되지 않는 상가를 보러 다녔다. 다주택자로서 추가 투자가 쉽지 않은 상황이었기 때문이다. 그런데 코로나19 이후로 신촌, 이대 일대와 홍대 정문 앞 상권은 회복될 기미를 보이지 않았다. 신사동 가로수길, 세로수길도 마찬가지였다. 종로는 말할 것도 없고 역삼동과 청담동 일대에도 1층 상가 공실을 쉽게 찾을 수 있었다. 여기에 자영업자 폐업 문제에 대한 언론 기사까지 접하게 되자 자연스럽게 상가 투자는 위험하다는 인식이 자리를 잡았다.

이용가능성 편향은 의사결정에 있어서 중요하지만 잘 모르거나 이해하기 어려운 정보를 간과하게 만든다. 특히 언론으로부터 많은 영향을 받는다. 따라서 언론과 인터넷에서 쏟아지는 정보를 필터링할 줄 알아야 한다. 이것이 중요한 이유는 이어서 살펴볼 확증편향에 있다.

폭락의 시작인가,
증여 특수거래인가?

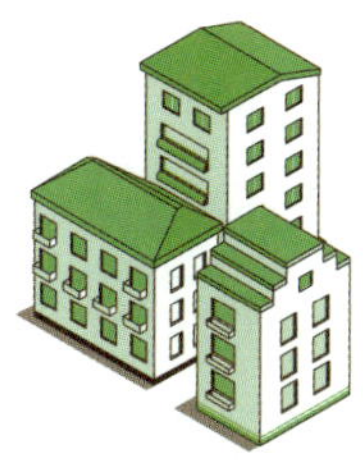

　　아파트 투자에서 긍정적인 경험을 했기 때문에 나는 무주택자가 이해가 되지 않았다. 집을 사는 것이 그렇지 않은 것보다 여러 방면에서 유리하다는 것을 알기에 내 입장에서는 답답해 보였다. 잠실에 사는 지인은 아파트를 살 수 있는 자금이 있음에도 계속 전세로 살고 있었다. 이사를 자주 다니는 것을 부담스러워 하지도 않았다.

　　"집주인하고 이야기해봤어?"
　　"보증금을 2억 원 올리자고 하네. 월세를 더 내거나, 아니면 요

앞에 있는 주상복합으로 이사를 가야 할 것 같아. 계약 갱신권도 이미 써버려서 방법이 없네.”

“근데 대출 좀 받으면 아파트도 충분히 살 수 있잖아?”

“금리도 계속 오른다는데 대출 받았다가 평생 이자만 내면서 늙으면 어떡해. 지금도 비싼데 앞으로는 인구까지 줄고 있잖아. 나중에 이보다 더 비싸게 주고 살 사람도 없을 거야.”

이 친구는 경제와 투자에 대해서 관심이 많아서 주식으로도 괜찮은 수익률을 기록하고 있다. 하지만 부동산 투자에는 나와는 정반대의 시각을 가지고 있다. 종종 부동산 관련 영상 링크도 보내준다. 제목들이 하나같이 자극적이다.

‘인구절벽으로 부동산 폭락 시작된다’
‘금리 인상으로 경매 물건 쏟아진다’
‘가계부채 폭탄 돌리기’
‘쌓여가는 아파트 매물’

동영상을 보며 격하게 공감하고 있는 이 친구와 달리 나는 말도 안 되는 소리라고 무시했다. 같은 영상을 보면서도 왜 이렇게 상반된 반응이 나타나는 걸까? 서로가 가지고 있는 확증편향 때문이다.

우리는 본능적으로 우리의 생각과 결정이 틀렸다는 것을 인정하기 싫어한다. 그래서 내 생각과 반대되는 의견을 들으려고 하지 않는다. 내 생각을 지적하고 고치려는 사람의 말은 무시해버린다. 상대방은 단단히 잘못 알고 있고, 내 생각만이 옳기 때문에 오히려 어떻게 해서든 상대를 설득하려고 한다. 시간이 지나면서 이러한 경향은 더욱 강해진다.

확증편향은 우리가 가지게 된 생각, 가치관, 신념 등을 지속적으로 정당화하려는 편향된 마음을 가리킨다. 우리 주변에 보고 싶은 것만 보고, 듣고 싶은 것만 들으며 고집이 세고 남의 말을 전혀 듣지 않는 사람이 있는 것도 이러한 이유다.

직전 실거래 내역보다 하락한 아파트 매매 거래가 발생하면 누군가는 기다렸다는 듯이 '이것 봐라, 이제 본격적인 폭락이 시작되었다'고 목소리를 높인다. 반면 같은 데이터를 보고 '이건 가족 간에 이뤄진 증여 거래임에 틀림없다'라고 생각하는 사람이 있는 것도 같은 맥락이다.

우연한 기회를 통해서 혹은 직접 경험한 일을 바탕으로 편향된 생각이 자리를 잡으면, 이후에는 이를 뒷받침할 수 있는 유사한 정보만 찾게 된다. 자신의 생각, 가치관, 신념을 확인해주고 지지해주는 정보만을 선택적으로 받아들이게 된다. 그리고 이것들을 차곡차곡 축적하려는 경향이 강해진다. 나와 반대되는 생각과 의견은 무시해 버리고 중요하지 않다고 여긴다. 심지어 거짓이라고 단정 짓는다.

확증편향을 주의해야 하는 이유는 중독성 때문이다. 어떤 것에 중독되면 다른 것은 모두 제쳐두고 오직 그것만 찾게 된다. 그 과정에서 위안과 편안함을 얻게 된다. 심지어 좋은 기분이 들고 행복감도 느낀다. 결국 중독성은 더욱 커지게 되고 헤어 나올 수 없게 된다. 예를 들어 알코올에 중독되면 기회만 되면 술을 찾는 습관이 생긴다. 밥은 안 먹어도 술은 꼭 마셔야 한다. 술이 없으면 허전함이 느껴지고 불안함이 엄습한다. 술을 마셔야 기분이 좋고 스트레스도 풀리는 것 같다. 누군가가 건강을 위해서 술을 줄이라고 하면 버럭 화부터 내고, 본인은 절대로 알코올 중독이 아니라고 한다.

마찬가지로 확증편향은 우리가 옳다고 믿고 있는 것에 대한 중독을 유발한다. 어떤 사람들에게는 인구절벽, 가계부채 증가, 금리 인상, 세계적인 금융위기 등의 소식만 귀에 들어온다. 이러한 뉴스를 자극적으로 설명하는 동영상에 마음이 끌린다. 내 신념을 뒷받침해주고 있기 때문에 위로를 받는다. 든든한 우리 편이 많이 있는 것 같아서 힘을 얻는 기분이 든다. 반면 공급 부족, 공사비 상승, 통화량 증가, 인플레이션, 화폐 가치 하락과 같은 정보를 중요하게 여기는 사람도 있다. 이를 지지하는 인터뷰 기사를 찾아보고, 데이터를 통해서 사실 확인을 한다. 오직 내가 찾은 정보만이 사실이라고 믿는다. 반대되는 주장의 현실 가능성은 희박하다고 단정 짓는다.

부동산에 대한 확증편향은 폭등으로 치우치거나 폭락으로 쏠리는 편향된 시각을 갖게 한다. 그런데 여기에 더해서 기술의 발전으로 우리의 확증편향은 더욱 쉽게 형성되고 강하게 고착되고 있다. SNS 알고리즘은 우리의 인지 과정을 통제한다고 말할 수 있을 정도에 이르렀다. 우리가 깨닫지 못하는 사이 비슷한 내용과 주제의 뉴스, 영상, 강의 등의 콘텐츠에 지속적으로 노출된다. 편향된 정보를 계속 접하지 않도록 주의해야 한다. 고착화된 확증편향은 우리의 생각과 가치관에 큰 왜곡을 불러일으킬 수 있으며 시장을 객관적으로 분석하는 힘을 약화시키기 때문이다.

그때보다 1억 원이 올랐는데 사야 하나?

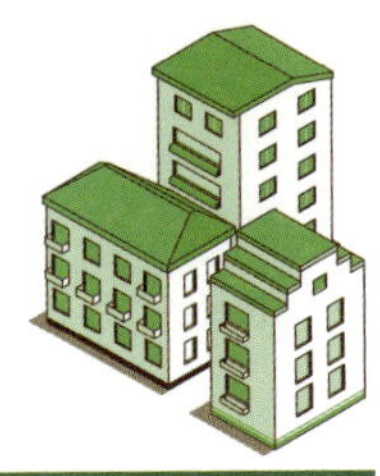

"그럼 집주인한테 계좌 달라고 해볼까요? 아시다시피 요즘 계좌 받기가 어렵거든요. 사모님이 전화를 받으시려나 모르겠네요."

"우선 계약 내용이랑 등기부등본을 문자로 좀 보내주세요."

"오늘 가계약금 3천만 원만 보내세요. 이거 사시면 더 올라요."

"최근에 좀 빠르게 오른 거죠?"

"요즘은 뭐 다들 난리죠. 옆에 잠실 가보면 말도 못해요. 문자 보내드렸어요. 확인해보세요."

"돈 보내기 전에 집을 한 번 봐야 하지 않을까요?"

"지금 해외에 계시다고 하셨잖아요? 한국 언제 오세요?"

부동산 투자, 기본으로 돌아가라

"다음 주에 들어갑니다."

"물론 집을 보시면 좋지만 사실 그때까지 물건이 있을지 모르겠네요."

"이게 지난 달보다 지금 5천만 원 정도 오른 거 같은데요. 고민을 좀 더 하고 다음 주 토요일에 집 보러 가서 결정할게요."

서울 강동구에 위치한 한 아파트 59타입을 계약하기 직전이었다. 매도인 계좌도 받았고, 방금 뽑은 등기부등본 확인도 끝냈다. 이제 가계약금만 입금하면 된다. 아파트 바로 옆에서는 9호선 개통 준비가 한창이고, 주변에 크고 작은 개발 호재도 순조롭게 진행되고 있었다. 아파트 입지가 훌륭하다는 것에 대해서는 의심의 여지가 없었다.

하지만 언제나 그렇듯이 가격이 문제였다. 이 아파트에 대한 심리적 기준은 13억 원이었다. 약 한 달 전에 알아봤을 때만 해도 그 정도 금액이었는데 금세 5천만 원이 오른 것이다. 외국에 있을 때여서 2주쯤 지나 집을 보러 갔다. 그러자 집주인은 이제 14억 원을 불렀다. 한 달 전에는 13억 원이었는데 잠시 망설이는 사이에 1억 원이 오른 것이다. 내가 생각하는 준거점은 13억 원이었기 때문에 1억 원을 더 주고 사는 것은 마음이 불편했다.

1. 준거점

이처럼 준거점이란 우리가 내리는 선택과 결정의 기준점이라고 할 수 있다. 그 주관적인 기준점에 따라서 우리는 어떤 것의 이익과 손실을 판단하게 되고, 만족감 혹은 상실감을 느끼게 된다. 만약 2021년 최고가였던 15억 3천만 원이 준거점이었다면 13억 원은 싸게 느껴졌을 것이다. 하지만 이미 13억 원으로 나만의 준거점이 자리를 잡았기 때문에 그 이상은 손실로 느껴졌다.

똑같은 5억 원의 가치를 가진 A, B 아파트가 있다고 가정해보자. A는 원래 6억 원에서 1억 원이 내려서 5억 원이 된 것이고, B는 4억 원에서 1억 원이 오른 상태다. 가격이 같으니 둘의 만족감도 같을까? 그렇지 않다. 이익보다 손실을 더 크게 평가하는 경향 때문에 A 아파트 소유자의 마음은 편하지 않다.

최종 결과의 절대적인 값이 아니라 준거점을 기준으로 한 가치의 변화를 통해 이익인지 손해인지를 평가하게 된다. 그래서 A 소유자는 6억 원이라는 준거점을 기준으로 현재 1억 원 손실의 고통을 느끼고 있는 반면, B 소유자는 준거점이 4억 원이기 때문에 1억 원의 이익을 만끽하게 된다.

아파트 투자를 할 때면 준거점이 어디에 설정되느냐에 따라서 투자의 결과가 달라진다. 첫 번째는 아파트를 매수한 가격이 준거

부동산 투자, 기본으로 돌아가라

점으로 설정된 경우다. 내가 아파트를 매수한 가격보다 오르면 이익으로 느껴지고, 내리면 손실로 다가온다. 다행히 시장 상황이 좋아서 준거점을 지나 이익 구간을 한참 벗어날 때가 오기도 한다. 이때는 매도를 할지, 월세로 전환해서 현금흐름을 발생시킬지, 혹은 재건축이 될 때까지 보유하고 신축에 입주할 것인지 등 준거점 조정을 통해 손익의 기준을 재정비해야 한다.

두 번째는 투자를 통한 기대수익 또는 목표가를 준거점으로 설정한 경우다. '2~3년만 보유하고 1억 원 정도 오르면 팔아야지'와 유사한 마음으로 투자를 하는 경우가 그렇다. 그런데 막상 시간이 흘러 기대수익에 미치지 못하면 매수한 가격과 비교해서 이익 상태임에도 불구하고 마음속으로는 손실로 여기게 된다. 투자 초기에 설정된 준거점이 '1억 원 수익'에 고정되어 있기 때문이다. 이때는 확실한 이익을 취하는 방향으로 준거점을 조정해서 매도 타이밍을 놓치지 않아야 한다.

세 번째는 과거에 기록한 최고가로 준거점을 설정하는 것이다. 역대 최고가보다 싸게 매수했다는 사실은 투자를 시작함과 동시에 이익이 발생했다는 생각을 갖게 만든다. 하지만 넘치는 유동성과 과열된 시장 분위기에 휩쓸려 형성된 시세라면 조정 기간 이후 예전 시세를 회복하기까지 상당한 시간이 걸릴 수 있다. 과거 최고가로 설정된 준거점 이상에서 팔아야 한다는 생각 때문에 비합리적으로 장기 보유를 하게 될 수 있으므로 주의가 필요하다.

2. 앵커 효과

배가 항구에 정박하기 위해 일단 닻(anchor)을 내리면 그 자리에서 크게 벗어나지 못한다. 마찬가지로 우리 역시 어떤 의사결정을 할 때 최초에 생긴 앵커를 중심으로 판단하는 경향이 있다. 심지어 앵커에서 크게 벗어나는 선택이나 결정을 내리지 못하는 경향을 보이기도 한다. 이를 앵커 효과라고 한다. 앵커는 나도 모르는 사이에 우리의 마음에 자리를 잡는 경우가 많다. 특히 어떤 문제와 관련해서 최초로 접하게 되는 숫자, 데이터, 사실, 의견 등에 큰 영향을 받아서 최종 판단, 선택, 결과까지 영향을 미치게 된다.

'정가 7만 9천 원→2만 9,900원에 판매'

백화점 이벤트 매장이나 마트에서 흔하게 볼 수 있는 문구다. 정가 7만 9천 원이라는 정보가 앵커가 되기 때문에 2만 9,900원이 상당히 싼 것으로 느껴진다. 심지어 안 사면 손해인 것 같다.

“여기 시세가 원래는 12억 원인데, 이 집은 11억 5천만 원에 나왔어요.”

급매 마케팅은 부동산 쪽에서 흔하게 사용하는 방식이다. 불확실한 상황에서 확실한 손실을 피하고 싶은 마음을 절묘하게 파고든다. 매수인에게는 12억 원이 앵커가 되기 때문에 상대적으로 5천만 원을 싸게 사는 기분이 들게 만든다.

성공적인 투자를 위해서는 앵커 효과에 큰 영향을 받지 않아야 한다. 그러기 위해서는 제시된 정보에 대해서 객관적인 데이터를 바탕으로 검증하는 과정을 거쳐야 한다. 집주인 사정이 있는 급매라고 추천을 받은 물건에 대해서는 실거래가나 다른 매물과의 비교 과정을 거쳐야 한다. 은행 이자의 2배 수익이 가능하다고 홍보하는 수익형 부동산은 그 주변에서 실제로 그 정도 시세로 임대가 가능한지 확인해봐야 한다. '급매는 또 나온다' '절대로 무리하는 투자는 하지 않는다' 등 자신만의 투자 원칙을 가지고 있다면 앵커 효과에 휘둘려서 성급하게 투자를 하는 일은 없을 것이다.

나의 투자 프레임은 어떤 모습인가?

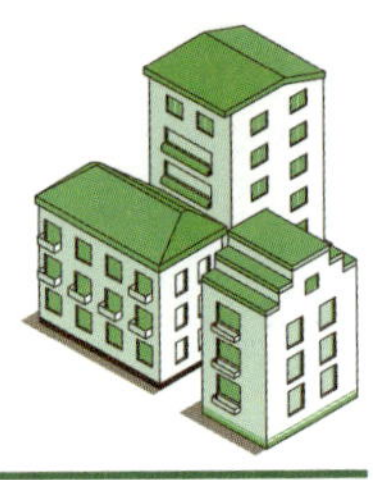

　사회생활을 시작한 지 얼마 되지 않았을 때 전국적으로 차이나펀드, 브릭스펀드와 함께 변액보험이 유행을 탔다. 대형 증권사와 보험사에서는 그 작은 회사까지 방문해서 친절하게 점심 도시락을 제공하며 설명회를 진행했다. 일반적인 보험과는 달리 보험료의 일부를 펀드에 투자하기 때문에 수익에 따라서 추후 지급받게 될 해지환급금과 사망보험료 등이 달라진다는 설명을 했다. 그럴싸한 마케팅에도 불구하고 변액보험에 가입하지 않은 이유는 간단했다. 원금 보장을 장담할 수 없어 보였기 때문이다. 초기에 투입되는 인건비, 영업비 등의 사업비가 높아서 단기간에 해지하면 큰 손실이 발

부동산 투자, 기본으로 돌아가라

생하는 구조였기에 영업사원들 좋은 일만 시키는 것 같았다. 펀드 투자로 인한 불확실성에 대한 리스크까지 가입자가 감당해야 하는 것도 불합리해 보였다.

이때 만들어진 보험과 금융상품에 대한 인식은 아직까지도 크게 바뀌지 않았다. 40대 남성의 경우 평균적으로 수십만 원의 보험료를 매달 납부하고 있다고 하는데, 나는 아직도 3만 원대 실비보험 외에는 보험이 없다. 매달 납부하는 보험료를 따로 모아서 병원비로 쓰는 것이 낫겠다는 생각은 쉽게 바뀌지 않았다.

1. 프레임

뉴스에 종종 등장하는 표현 가운데 '프레임'이라는 단어가 있다. 프레임이라고 하면 외부 풍경을 바라볼 수 있는 아파트 거실의 창틀이 떠오를 수 있다. 동시에 세상을 바라보는 생각의 틀 혹은 관점을 표현할 때 사용되기도 한다. 필자가 보험상품을 부정적으로 바라보는 것 역시 하나의 프레임이라고 할 수 있다.

사람들은 서로 다른 프레임을 가지고 세상을 바라보기 때문에 판단, 선택, 결정, 결과가 다르게 나타나기 마련이다. 바로 이것을 프레이밍 효과라고 한다. 그런데 개인이 가지고 있는 프레임은 바뀔 수 있다. 만약 타인이나 외부 자극에 의해서 만들어진 프레임에 지속적으로 노출된다면 기존에 가지고 있던 우리의 프레임도 바뀌게 될 가능성이 높다.

자극적인 부동산 폭락 영상에 노출되고 알고리즘에 의해서 유사한 영상이 지속적으로 주입되면, 결국 부동산 투자를 바라보는 시각은 부정적으로 바뀌게 된다. 심지어 아직 경제를 바라보는 관점이 성숙하지 않은 상태라면 훨씬 더 쉽게 부정적인 프레임에 갇히고 마는 결과가 초래된다.

투자를 바라보는 부정적인 프레임은 확증편향과 쉽게 결합되는 특징이 있다. 타인이 만든 프레임에 갇혀서 이를 정당화하는 주장이나 예시 등만 더욱 찾게 되고 거기에서 안도감과 위안을 얻는다. 내 생각만이 옳고 상대방은 잘못 알고 있다고 생각하기 때문에, 나와 반대되는 의견은 무시하고 과소평가해버린다.

한편 어떤 것에 대한 우리의 선호도는 언제나 일관적이지는 않다. 사람들에게 어떤 순서로 설명하고, 어떤 모습으로 보여지며, 어떤 방식으로 설명되느냐에 따라서 같은 대상에 대한 선호도가 바뀔 수 있다.

만약 부동산 투자에 따른 위험과 불확실성 그리고 경제적인 부담 등을 먼저 설명하고 투자 성과를 나중에 설명하면 어떨까? 정년 때까지 매달 300만 원이라는 원리금을 납부해야 한다는 압박감을 먼저 떠올리고, 수백만 원의 재산세와 종합부동산세 등 보유세가 아깝게 느껴지고, 이사와 인테리어로 인한 비용 지출과 하자에 대한 스트레스, 세입자와의 크고 작은 분쟁 등으로 인해서 부정적인 프레임이 만들어진다. 부동산 투자에 대한 장점은 전혀 보이지 않게 된다. 반대로 아파트 입지의 우위를 바탕으로 높은 투자 가치가 있음을 보여주고, 향후 가치 상승에 대한 기대와 실거주 만족도 향상에 초점을 맞춘 프레임을 제시한다면 30년 상환으로 설정된 담보대출의 부담이 그렇게 무겁게 다가오지 않을 것이다.

자본주의 사회에서는 투자를 바라보는 프레임을 긍정으로 설정하느냐 혹은 부정으로 설정하느냐에 따라서 선택과 결과가 크게 달라진다. 전망이론과 마찬가지로 긍정적인 프레임을 가지고 있다면 이득이 되는 상황에서 확실성 효과가 작동하기 때문에 위험회피적 성향이 된다. 따라서 확실한 보상을 선호하는 쪽으로 선택을 내린다. 반대로 부정적인 프레임이 만들어졌다면 손실 상황에서는 손실회피 경향으로 인해서 위험선호적 성향이 되고 만다. 결국 불확실한 대안을 선택하게 되므로 최상의 투자 결과를 기대하기는 어렵다.

2. 디폴트 효과

컴퓨터나 스마트폰 등의 전자기기를 사용 중이라면 '디폴트'라는 단어에 익숙할 것이다. 디폴트 상태란 사용자가 별도로 설정을 바꾸지 않아도 처음부터 자동으로 적용되어 있는 기본 설정을 의미한다. 스마트폰의 경우 배경화면, 폰트, 디스플레이 밝기, 다크모드 조정 등 설정 항목에서 변경할 수 있는 옵션이 수십 가지에 이른다. 차량을 운전할 때도 개인 프로필, 디스플레이 디자인, 오디오 출력, 시트 위치, 에어컨 세기, 단축버튼 등의 값을 우리가 원하는 대로 조절하고 바꿀 수 있다.

그런데 우리에게는 비록 최적은 아니더라도 이미 설정된 초기 설정을 바꾸지 않고 그대로 유지하려는 경향이 있다. 이것을 가리켜서 디폴트 효과라고 한다. 앞서 언급된 현상유지 편향과도 유사하고, 손실회피 성향과도 관련이 있다. 막연하게 초기에 설정된 디폴트 상태가 좋을 것이라고 믿는 심리에서 비롯되기도 한다. 그렇게 중요해 보이지 않기 때문에 매번 선택하고 고민하는 것을 귀찮아한다.

중요한 것은 어떤 디폴트값을 가지고 있는지에 따라서 다른 선택을 하게 되고 결국 최종 결과가 달라진다는 것이다. 따라서 경제를 바라보고 부동산 투자를 대하는 면에서 우리의 디폴트값이 어떤 설정으로 되어 있는지를 확인하는 것이 중요하다. 우리의 뇌는 에너지를 아끼고 효율적으로 반응하기 위해서 자동모드를 좋아하는 것으로 알려져 있다. 자동화된 사고와 행동은 에너지를 아낄 수 있지만, 뇌가 자동모드에 적응되면 관성이 생기고 결국 변화를 힘들어한다. 새로운 결정을 내리고 생각할 게 많아질수록 스트레스와 피로가 쌓이기 때문에 기존의 방식을 그대로 따르려는 습관이 강해지는 것이다.

비록 전세로 거주하고 있지만 안정적인 월급을 통해서 생활비를 충당하는 모습을 주위에서 흔하게 볼 수 있다. 적어도 1년에 한 번은 해외여행도 떠나고, 가끔 명품 쇼핑도 즐기고 있다. 지금처럼 지내는 생활에 딱히 불만이 없기에 현 상황을 유지하는 것이 편하고 좋다. 그런데 갑자기 수억 원의 주택담보대출을 실행하고 수백만 원의 원리금을 30년간 매달 내야 하는 부담을 떠안으려니 생각만 해도 답답함이 밀려온다. 여기에 집값 폭락으로 인한 손실을 회피하고 싶은 마음까지 작동하면서 그냥 무주택을 유지하는 것이 마음 편한 선택으로 다가온다.

투자를 위한 마인드를 정립하고, 입지를 공부하고, 실제 현장에 나가서 아파트를 살펴보고, 대출을 알아보고, 상환 계획을 세우는 것이 머리도 아프고 복잡하고 불안한 과정으로 다가온다. 하지만 딱 한 번만 이런 과정을 끝내고 나면 아파트 투자에 대한 뇌의 디폴트값은 180도 바뀐다. 이후에는 너무나 쉽고 간편하게 처리할 수 있는 능력이 생긴다. 다주택자들이 마치 큰 고민 없이 어렵지 않게 투자를 하는 것처럼 보이는 이유도 여기에 있다.

나 역시 당시에 서대문구의 2억 원대 아파트에서 살고 있었지만 잠실의 7억 원대 아파트를 하루 만에 매수했고, 이미 대출 2억 6천만 원이 있는 상황에서 큰 고민 없이 추가로 2억 8천만 원의 대출을 일으켜 강남 신축 아파트 투자를 감행했다. 디폴트값을 투자 모드로 전환시켜 놓았기 때문에 가능한 일이었다.

한편 수서까치마을 아파트를 매수했을 때는 소유권이전등기를 직접 해보기로 했다. 그동안은 법무사를 통해서 편하고 무심하게 등기를 마무리했는데, 매번 내야 하는 법무사 수수료가 아깝게 느껴졌다. 또 투자를 계속할 것이기 때문에 이번 기회에 배워두면 좋을 것 같다는 생각이 들었다. 처음에는 소유권이전등기를 위한 용어와 서식에 익숙해지는 데 상당한 시간이 걸려서 포기하고 싶은 마음이 간절했다. 준비해야 하는 서류의 종류도 다양하고 혹시 실수를 해서 일이 잘못되지는 않을까 두려움이 엄습했다. 계속 스트레스를 받자니 그냥 수십만 원을 주고 법무사에게 맡기는 것이 편할 것 같았다. 하지만 며칠을 더 버티고 공부한 결과 등기 과정이 눈에 들어오기 시작했다.

매수자의 성명과 주민등록번호와 주소가 기재되어 있는 부동산 매도용 인감증명서와 등기권리증, 그리고 매도인의 주민등록초본을 챙겨야 한다. 잔금 때는 현장에서 소유권이전등기 신청서와 위임장의 매도인 부분에 매도인 인감도장을 찍는 것도 잊지 말아야 한다. 매수인이 준비할 것은 주민등록등본, 토지대장, 건축물대장, 소유권이전등기 신청서, 그리고 위임장이다. 취득세납부영수증, 국민주택채권 매입확인서, 전자수입인지 영수증, 등기신청수수료 납부영수증도 함께 제출해야 한다. 마지막으로 잔금 때 부동산 매매계약서 원본과 잔금 당일 발급한 등기부등본을 준비하고, 공인중개사로부터 부동산거래계약신고필증도 받아놔야 한다.

공인중개사무소에서 잔금을 끝내고 곧바로 강남구청 세무과로 갔다. 먼저 취득세 신청서를 작성하고 고지서를 받고 1층 은행에서 취득세를 납부하고 영수증을 챙겼다. 이어서 국민주택채권 11만 4천 원과 등기신청수수료 1만 5천 원을 납부했고, 15만 원짜리 전자수입인지도 샀다. 마지막으로 지금까지 취합한 서류와 영수증을 모두 들고 서울중앙지방법원 등기국으로 가서 접수와 제출을 완료했다. 이렇게 셀프등기를 한 번 하고 나니 그다음부터는 전혀 부담되지 않았다. 약 1년 후 잠실파크리오 아파트의 소유권이전등기 역시 셀프로 신속하고 어려움 없이 처리했다.

무엇이든 처음이 어려운 법이다. 좋은 학교를 졸업하고, 직장에

취업해서 정년 때까지 일하고, 퇴직 후에는 창업까지 해야 한다는
디폴트값으로 설정된 기존의 프레임을 깨보자. 하루라도 빨리 투자
모드로의 전환이 필요하다.

부동산 투자, 기본으로 돌아가라

회사 일도 바쁜데 언제 투자까지 하지?

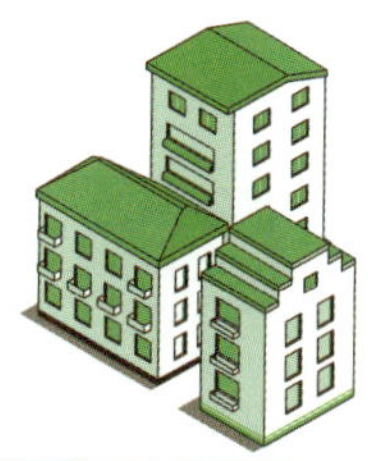

　우리의 마음은 생각보다 게으르다. 새로운 것을 시도하려고 생각만 해도 벌써부터 스트레스를 받는다. 이전에 경험하지 못한 일에 도전해야 하기 때문에 걱정이 앞서고 쉽게 무기력해진다. 왜냐하면 우리는 기존의 선택, 현재의 상태를 계속 유지하려는 성향을 가지고 있기 때문이다. 항상 다니던 길로만 다니고, 수년째 같은 화장품을 매일 사용하고, 주거래은행은 10년이 지나도 바뀌지 않는 것도 같은 원리다. 야근이 많고 승진에서도 누락되었지만, 마음이 편한 현재 직장을 무턱대고 떠나지 못하는 것 역시 같은 원리다.

　그런데 새로운 일이라는 것이 부동산 투자와 같이 비교적 큰 규모의 일이라면 더욱 그러하다. 집값은 수년째 그대로지만 딱히 불편함이 있는 것도 아니라서 그냥 계속 사는 것을 택한다. 지금까지도 전세로 잘 살았으니 앞으로도 큰 문제는 없을 것 같다. 괜히 집을 사려고 했다가 사기라도 당하면 큰일이 아닌가? 게다가 회사 일로 항상 바쁘기 때문에 부동산과 투자에 신경을 쓸 여유도 없다. 그냥 회사 일이나 열심히 해서 연봉이나 더 받는 것이 나아 보인다.

1. 현상유지 편향성

지금까지 계속 해왔기 때문에 혹은 그저 익숙하다는 이유만으로 굳이 변화할 필요를 느끼지 못하는 것을 현상유지 편향성이라고 한다. 현상유지 편향성은 현 상태를 계속 유지하는 것도 나쁘지 않다는 만족감과 게으름으로 인해 나타난다. 여기에 새로운 것을 시도했을 때 어떤 결과에 직면하게 될지 모르는 두려움이 더해지면 더욱 심해진다. 새로운 변화는 성공을 가져다 줄 수도 있지만 쓰라린 실패를 가져올 수도 있기 때문이다. 우리는 이익보다 손실을 더 크게 여기기 때문에 변화를 시도하는 것은 언제나 도전으로 다가온다.

2020년은 시작부터 종합부동산세 강화 뉴스로 장식되었다. 조만간 종부세로 수천만 원을 내야 한다는 무서운 기사가 연일 도배되었다. 그러자 종부세를 줄이기 위해서 임대법인을 설립하는 것이

 부동산 투자, 기본으로 돌아가라

유행처럼 번졌다. 임대법인을 설립하는 방법 가운데 현물출자 방식에 대해서 전문가와 상담을 했다.

"법인을 세우셔도 아파트는 종부세가 나오기는 합니다. 그래도 법인으로 명의가 분산되니 개인이 보유한 것과 비교하면 종부세 절감 효과가 있습니다."

"양도세 중과보다는 법인세가 더 낮다고 하던데, 그런가요?"

"맞습니다. 2억 원 초과에서 200억 원까지는 법인세율 20%가 적용됩니다."

"그럼 아파트를 정리해서 임대법인을 만들 때 비용은 어느 정도 들까요?"

"우선 신설 법인의 경우 취득세가 중과되는데요. 그래서 지방에 본점 주소를 두는 경우도 있죠."

"강남 아파트 임대를 위한 법인의 주소를 지방으로 한다고요?"

"요즘에는 많이들 그렇게 하세요. 말씀해주신 강남 아파트 3채를 등록하려면 본점을 서울로 하실 경우 취득세, 회계검사, 감정평가, 법원 비용 등으로 2억 원 정도는 생각하셔야 합니다."

임대법인을 설립한다면 아파트 양도세 중과보다는 소득세율이

더 낮기 때문에 아파트를 매도할 때 세금을 덜 낼 수 있었다. 게다가 법인 운영에 따른 각종 비용을 공제받을 수 있는데 여기에는 법인 명의의 차량 렌트비, 접대비, 대출 이자, 대표의 거주주택 월세 비용까지도 포함되었다. 그렇게 법인세 과세표준을 낮추는 것이다. 보유하고 있는 3채의 아파트를 모두 법인으로 전환하면 재산세 감면 혜택은 현재와 같이 유지되지만 법인 설립 비용으로 2억 원을 투자해야 했다. 생각보다 일이 복잡해진다. 그냥 포기하고 싶은 마음이 간절해지기 시작했다.

"그럼 아파트 3개를 다 팔아서 법인에 넘기는 방식으로 진행되는 거죠?"

"네, 그렇습니다. 현재 강남 아파트 3채를 모두 매도하면 양도세가 약 9억 원 정도 나올 것으로 보이는데요. 아파트 취득 시부터 법인에 매도할 때까지의 양도차익에 대한 세금이죠."

"당장 양도세 9억 원을 내야 한다고요?"

"근데 이 돈은 나중에 법인이 아파트들을 매도할 때 내면 됩니다. 이월과세라고 합니다. 지금 당장 낼 필요는 없어요."

"법인을 만들고 나중에 아파트를 매도하게 되면 그때 양도세를 또 내야 하죠?"

“맞습니다. 그때는 법인세율 적용을 받게 됩니다. 전화로 말씀해주신 목표가로 계산해보면 대략 법인세율 20%를 적용해서 약 6억 원 정도 될 것으로 보입니다.”

“그럼 양도세로만 총 15억 원을 내야 하는 거네요?”

“네, 그렇네요.”

법인 명의로 넘긴 아파트들을 앞으로 매도하면 양도차익이 발생하는데 여기에도 세금이 부과된다. 이때는 법인세율로 납부하게 된다. 법인세율 20%를 적용하면 6억 원 정도로 예상된다고 했다. 추가로 이월과세로 인해 납부를 미뤄둔 9억 원까지 납부해야 한다. 결과적으로 총 15억 원의 양도세를 부담하는 것이다. 하지만 이때는 오히려 종부세 부담이 크게 늘어나서 대략 계산해도 1억 원을 웃도는 세금을 내야 할 것으로 보였다.

결국 임대법인 설립에 대한 계획을 포기했다. 처음 도전하는 임대법인이 낯설고 부담스럽게 여겨졌고, 전환 과정 또한 상당히 복잡하고 금액적으로도 부담스러웠기 때문이다. 그냥 살던 대로 살자는 현상유지 편향성과 잘못 결정하면 세금으로 망할 수 있겠다는 손실회피 경향까지 더해진 결과였다.

2. 전환비용

이렇게 강력한 현상유지 편향성을 극복하는 한 가지 방법은 전환비용을 고려하는 것이다. 전환비용이란 현재 사용하고 있는 제품, 서비스, 상태에서 다른 제품, 서비스, 상태로 전환할 때 발생하는 비용을 의미한다. 여기에는 시간, 노력, 경제적인 비용과 심리적인 비용까지도 포함된다.

직장생활을 시작한 지 5년쯤 지났을 때 한 회사로부터 이직 제안을 받았다. 이직을 하면 출퇴근 거리가 더 멀어지고, 새로운 직장에 적응도 해야 했다. 종종 지방으로 출장도 가야 하고 직원들을 상대로 강의도 해야 했다. 하지만 기존보다 나은 복지와 혜택을 제공받게 될 것이었다. 결정적으로 더 높은 연봉이 보장되었다. 더 나은 급여를 통해서 느끼는 만족감이 현재 직장에서 느끼는 안정감보다 컸기 때문에 이직을 선택했다. 잘 다니던 회사를 옮긴다는 것은 불편함과 두려움이라는 전환비용을 발생시켰다. 하지만 그런 전환비용에도 불구하고 현상유지 편향성을 뛰어넘을 정도의 만족감과 행복을 발견했기 때문에 변화를 시도한 것이다.

부동산 투자를 위해서 아파트를 알아보고 비교하고 투자 전략을 세우기 위해서는 상당한 시간과 노력 등 추가적인 에너지가 소모된다. 그렇지 않아도 야근도 많고 일도 많은 직장생활로 인해 잠깐의 여유도 없는 것이 현실이다. 그 시간을 쪼개서 부동산 현장에 직접 가봐야 하고, 동네 비교도 해야 하고, 대출도 알아봐야 하고, 세금 문제까지 정리해둬야 한다. 지금보다 늘어나는 주택담보대출 이자가 현재 소득과 생활비에 어느 정도 영향을 미칠 것인지도 고민해야 한다. 다주택자가 되어 더욱 빠르게 자산을 키우기로 결심하기 위해서는 1주택자로서 누리고 있던 양도세 비과세 혜택과 재산세, 종합부동산세 감면 혜택을 과감하게 포기해야 한다.

투자 경험이 없다면 현상유지 편향성이 강하게 작동하기 때문에 갑작스러운 변화를 기대하기 어려울 수 있다. 의욕이 앞서 투자를 결심하지만 금방 포기하고 마는 경우가 흔하다. 귀찮고, 복잡하고, 실패에 대한 두려움이 공존하기 때문이다. 이 모든 어려움을 뚫고 부동산 투자를 현실로 만드는 힘은, 성공적인 투자를 통해 자산을 키우고 더 나은 삶을 살고자 하는 열망과 희망에서 나온다.

부동산 투자에 수반되는 전환비용을 스트레스로 여기지 않는 방법을 깨달아야 한다. 정부를 공동 투자자로 여기고 수익의 일부를 세금 형태로 배당해준다는 식으로 발상의 전환을 해볼 수 있다. 대출 이자는 거액의 투자액을 일시에 융통해주는 대가로 지불하는 소액의 수수료일 뿐이고, 귀찮게 이것저것 요구하는 세입자는 보증금이라는 이름으로 수억 원의 큰돈을 무이자로 빌려주는 투자 파트

너라고 여겨야 한다. 이를 통해 전환비용의 심리적 부담을 낮출 수 있다.

현상유지 편향성은 우리의 선택을 강력하게 지배하고 있다. 따라서 아파트를 보유하고 투자함으로써 얻을 수 있는 자산 상승 기대와 만족감이, 그 과정에서 발생하는 경제적·심리적 전환비용보다 크다고 느껴질 때 비로소 우리는 번거로움을 감수하고 현재의 상태를 바꾸기 위해 움직이게 된다.

3. 기회비용

앞서 살펴본 것처럼 어떤 변화나 새로운 시도를 하는 데는 전환비용이 들어간다. 새로운 시도를 하지 않으면 전환비용을 발생시키지 않기 때문에 아무런 손해를 입지 않는다고 생각할 수 있다. 그러나 여기에는 한 가지 간과한 것이 있다. 새로운 시도를 했을 때 얻을 수 있는 이익을 놓쳐버린다는 것이다. 변화를 주저하며 현상유지를 고집하는 태도나 행동에도 비용이 들어간다는 것을 깨달아야 한다.

기회비용이란 어떤 새로운 선택을 함으로써 포기한 다른 기회 가운데 가장 큰 가치를 가지는 것의 이익이라고 할 수 있다. 예를 들어 오늘 하루 일을 하면 10만 원을 벌 수 있는데 그냥 놀아버렸다면, 이때의 기회비용은 10만 원이 된다. 5억 원으로 서울 아파트에 투자했다면 1억 원이 올랐겠지만, 실제로는 수도권 외곽 아파트에 투자해서 3천만 원의 수익이 났다면 어떨가? 기회비용은 7천만 원인 것이다. 한편 새로운 시도를 통해 현상 유지를 포기하게 됨으로써 발생된 손실 역시 기회비용이라고 볼 수 있다. 부동산 투자를 위해서 대출을 받았다면 이자에 해당하는 경제적인 손실이 기회비용인 것이다.

전세로 사는 것과 아파트를 매수하는 것 사이에도 기회비용이 존재한다. 전세로 산다는 것은 집을 매수함으로써 발생되는 취득세, 재산세, 종합부동산세, 중개수수료, 유지보수료 등의 직간접적인 비용이나 국민연금, 건강보험료가 인상되는 것으로부터 자유롭기 때문에 유주택자와 비교하면 기회비용에 있어서 이익이 있다. 또 무주택 기간을 유지함으로써 청약 시장에서 더욱 유리한 입장에 있을 수 있고, 보증금으로 돈이 묶이지 않으므로 금융상품이나 주식에 투자해 수익을 기대할 수 있는 기회비용도 있다. 무주택을 유지함으로써 집값 하락 시 자산 가치에 손해를 입지 않은 것 역시 기회비용이라고 할 수 있다. 하지만 만약 집값이 상승할 경우 생기는 시세차익은 온전히 집주인의 수익이므로 그만큼 손실의 기회비용이 발생한다.

한편 아파트를 매수하는 것은 보유세를 부담해야 하는 기회비용을 발생시킨다. 부동산에 자산이 묶이기 때문에 금융 투자를 통해서 얻을 수 있는 수익도 포기해야 한다. 부동산 조정기에는 자산 가치가 하락하기 때문에 손실의 기회비용이 발생하는 반면, 부동산 시장이 좋을 경우 시세차익이라는 기회비용이 발생한다.

변화를 통해 얻을 이익이 전환비용보다 크다고 느껴지면, 우리는 마침내 현상유지 편향을 이겨낼 수 있다. 더 나아가 무언가를 새롭게 선택하거나 혹은 현재의 상태를 유지함으로써 얻을 수 있는 이익이 무엇인지 끊임없이 고민해야 한다.

나는 올해 부자가 될 수 있을까?

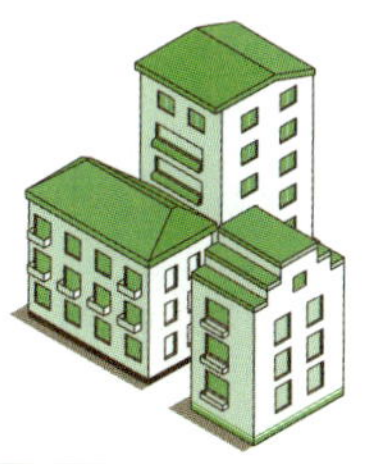

언젠가는 젊은 부자가 되어 식당에서 메뉴 가격도 보지 않고 주문하고, 월급을 받기 위해 상사 눈치도 안 보고, 평생 돈 걱정 없이 살게 될 날을 꿈꿨다. 부자가 되겠다는 꿈이 있었기에 현실에서 다소 궁핍하게 사는 것 정도는 대수롭지 않게 여겼다.

"두려움은 너를 죄수로 가두고 희망은 너를 자유롭게 하리라."

한 영화의 대사처럼 희망이 우리를 자유롭게 하리라고 믿었다. 하지만 아내는 이런 변화에 힘들었던 모양이다.

"응? 갑자기 왜 울어?"

"슈퍼에서 비닐봉지 50원 아끼려고 늘 손에 잔뜩 들고 오고, 더
워도 선풍기만 켜고 버텨야 하고, 국내여행 한 번 제대로 못 가고,
차 창문도 손잡이 돌려야 올라가는 삶이라니. 정말 지친다."

하루는 퇴근하고 언덕을 올라 집으로 가는데, 그동안 쌓인 서러
움이 폭발한 아내가 길에 주저앉아서 울기 시작했다.

"젊을 때 잠깐 고생하고 나중에 편하게 사는 게 좋잖아. 지금 남
들처럼 버는 대로 다 쓰면 평생 일만 해야 해. 돈이야 마음만 먹으
면 얼마든지 쓰지."

"그 마음을 안 먹으니까 그렇지. 나도 신혼인데 남들처럼 살고
싶다고. 맛있는 것도 먹고, 좋은 데 놀러도 가고, 백화점 가서 쇼핑
도 해보고, 해외여행도 가보고 말이야."

신혼 초기였던 20대 후반부터 부동산 투자를 시작했기 때문에
한 푼이라도 아끼지 않으면 안 되었다. 중소기업 맞벌이부부의 월
급으로는 원리금 갚기에도 빠듯했다. 보험도 실비보험 외에는 전부
해지했다. 새벽 응급 상황이 아니면 택시를 타본 기억이 없을 정도

   부동산 투자, 기본으로 돌아가라

었다. 인터넷과 케이블TV를 설치한 적도 없고, 무이자 36개월 할부 마케팅에 넘어가지도 않았다. 휴대폰은 구형 모델이 무료로 풀릴 때 바꿨고, 중고폰을 사서 배터리만 셀프로 직접 바꿔 사용하기도 했다. 외식비를 가장 아까워했기 때문에 퇴근하고 임장을 가도 저녁은 꼭 집에 와서 먹었다. 회사에서 사먹는 점심값도 줄이기 위해 아침에 30분 일찍 일어나서 도시락을 쌌다.

1. 쌍곡선 할인

투자를 위해서 불편함을 감수할 수 있었던 이유는 오늘보다 나은 내일을 직접 설계하고 만들 수 있다는 확신이 있었기 때문이다. 하지만 대부분의 사람은 먼 미래보다 오늘을 더 중요하게 생각하는 경향이 있다. 오늘 100만 원을 받는 것과 1년 후에 110만 원을 받는 것 중에서 고르라고 하면, 지금 당장 내 손에 쥐어지는 100만 원을 선호한다. 무려 10% 이자가 붙지만 미래의 보상은 어딘가 모르게 멀게 느껴진다. 불확실한 미래는 그 누구도 장담할 수 없다는 것을 알기 때문이다.

이와 관련해 『넛지』의 공동저자이자 2017년 노벨경제학상을 수상한 리처드 세일러 교수는 흥미로운 현상을 발견했다. 쌍곡선 할인으로도 불리는 이 현상은, 사람들이 '오늘의 가치'를 과대평가하고 '미래의 가치'를 과소평가하는 경향을 보인다는 점을 설명한다. 다시 말해 내일이나 모레와 같이 가까운 미래의 보상은 매우 크게 느껴지지만, 내년 혹은 10년 후와 같은 먼 미래에 받게 될 보상은 신경도 덜 쓰이고 가치가 없어 보이기까지 한다는 것이다.

폐암, 간암, 위암을 일으킬 수 있다는 강력한 문구가 적혀 있지만 계속해서 흡연을 하고 과음에 빠지는 이유 역시 지금 이 순간의 즐거움을 과대평가하고 미래 어딘가에 있을 건강이라는 보상을 과소평가하기 때문이다. 내일부터 다이어트를 하고, 다음 달부터 저축을 하고, 내년부터 재테크 공부를 시작하겠다는 마음가짐 역시 미래의 기대보상이 실제적으로 와닿지 않기 때문이다. 신용카드 무이자 할부를 쓰며 '이건 다음 달의 내가 갚을 거야'라고 생각하는 것도 미래에 짊어질 책임을 가볍게 여기기 때문이다.

지금의 거주 환경에서 느끼는 만족감을 과대평가하고, 미래의 보상을 과소평가하는 심리가 작동하면 넓은 수도권 신축 아파트 전세를 선호하게 될 수 있다. 반면 현재보다 미래의 보상을 더 크게 여긴다면 재건축을 기다리는 오래된 서울 아파트에서 소위 '몸테크'를 하는 것을 마다하지 않는다.

불확실한 미래와 어쩌면 꿈을 이룰 수 없다는 좌절은 사람들로 하여금 더욱 현재의 행복과 즐거움을 추구하도록 만들고 있다. 주

   부동산 투자, 기본으로 돌아가라

위에는 온통 소비를 부추기는 마케팅으로 넘쳐난다. 이 정도 연봉이면 적어도 남들처럼 살아도 된다고 생각하기 때문에 소비를 하며 오늘을 즐긴다. 반면 지금 당장은 조금 각박해도 앞으로의 보상을 기대하며 오늘의 어려움을 견디는 사람들도 있다. 그들에게 주택담보대출의 원리금은 미래를 위한 적금과 같다.

미래의 보상을 위해 현재를 희생하는 선택을 하려면 많은 유혹을 물리쳐야 한다. 이번 달 월급을 받기 위해서는 직장에서 열심히 일해야 하지만, 동시에 미래를 설계하고 투자할 시간과 노력도 필요하다. 일에만 매몰되어 정작 더 중요한 자산을 불릴 시간을 놓쳐서는 안 된다.

2. 시간 해석 이론

'여러분은 당장 올해 부자가 될 가능성이 높을 것 같습니까, 아니면 10년 후에 부자가 될 가능성이 높을 것 같습니까?' 이러한 질문을 받으면 어떻게 대답할 것인가? 올해 당장 부자가 될 수 있을 것이라고 확신하기에는 어딘가 모르게 부담도 되고 솔직히 자신도 없다. 하지만 아직 구체적인 계획이 있는 것도 아닌데 10년 후라면 얼마든지 부자가 될 수 있을 것 같다.

어떤 일에 대한 우리의 평가와 선호도는 시간이 개입될 때 바뀌

게 된다. 우선 시간의 길이에 따라서 근거리 미래와 원거리 미래로
구분해보자.

현재와 비교적 가까운 근거리 미래의 경우 우리는 일을 처리하
는 과정 중심으로 사고를 하기 때문에 '과연 이 기간 안에 이 일을
처리할 수 있을까?'와 같이 실현 가능성을 중요하게 생각하게 된
다. 그래서 주어진 문제에 대해서 구체적인 방식을 고민하게 되고
이에 따라서 선호도가 결정된다. 내일까지 시험공부를 끝내야 하는
일, 이번 주 안에 영업 보고서를 완성해야 하는 일, 올해 안에 부자
가 되어 은퇴하는 일 등이다. 따라서 '올해 부자가 될 가능성이 높
을 것 같은가?'와 같은 질문을 받으면, 당장 저축해놓은 돈도 없고
투자에 대해서도 잘 모르기 때문에 올해는 현실적으로 불가능하다
는 판단을 하게 된다.

한편 원거리 미래에 대해서 생각할 때에 우리는 결과를 중심으
로 사고하게 된다. 그래서 그 일의 바람직성을 중요하게 여긴다. 추
상적이고 긍정적인 방식으로 문제를 접근하게 된다. 높은 연봉을
주는 회사로 이직을 하고, 투자와 저축을 통해 자산을 키우는 등 지
금부터 잘 준비하면 10년 후에는 부자가 될 거라는 바람직한 관점
이 작동한다.

부동산 투자를 할 때도 근거리 미래와 원거리 미래에 대한 계획

을 세우는 것이 중요하다. 우선 5~10년 후의 원거리 미래의 결과에 초점을 맞춘 마스터플랜을 수립해야 한다. 예를 들어 5년 후에는 대출금을 모두 상환하고, 10년 후에는 매월 발생하는 500만 원의 현금흐름을 바탕으로 직장에서 은퇴를 하겠다는 계획을 세울 수 있다. 이어서 2년 단위의 실현 가능성을 바탕으로 한 근거리 미래 계획을 추가해야 한다. 이때는 많은 고민 끝에 매우 구체적이고 세밀하게 계획을 짜야 한다. 1만 원 단위까지 꼼꼼하게 계산해놓고, 예상 밖의 변수까지 대비가 되어 있어야 한다.

쉽게 벌었으니
한턱내야지?

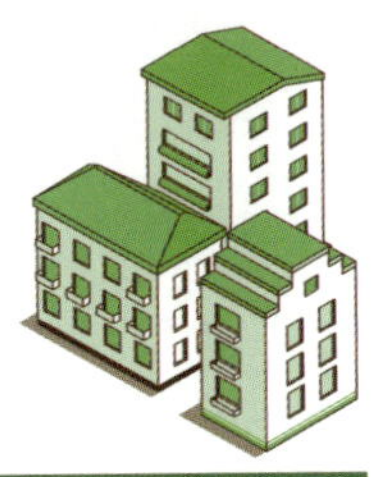

1. 심리적 회계

사람들에게는 심리적으로 돈을 구분해서 관리하려는 경향이 있는데, 이를 심리적 회계장부라고 한다. 마음속으로 다양한 목적의 지출계정을 설정하고 각 계정에 한도를 부여한다. 특히 각 계정의 돈을 다른 계정의 돈과 명확하게 구분하고 있기 때문에, 계정 간 돈의 성격은 전혀 다르다고 생각하는 심리적 편향이 개입된다. 스스로 설정한 돈 관리 프레임이라고 볼 수 있다.

예를 들어 나의 경우 식사 계정의 심리적 한도는 1만 원이다. 그래서 음식 가격이 1만 원보다 높으면 비싸다고 느껴져서 다른 메뉴나 식당으로 눈을 돌린다. 심리적 회계가 작동하기 때문이다. 점심 식사 계정으로 할당된 1만 원보다 3천 원을 초과하는 메뉴를 선택하면 마음이 불편하다. 식사 계정을 적자로 마감하고 싶지 않기 때문이다. 반면 강남 아파트 3채에 대한 1년 보유세 계정의 심리적 한도는 3천만 원이다. 7월과 9월에 내는 재산세와 12월에 부과되는 종합부동산세가 이보다 적게 나오면 괜히 돈을 번 것 같은 기분이 든다. 어쩌다 남은 돈으로 여행이라도 가면 공짜로 노는 기분이 들 정도다.

물론 보유세로 할당해놓은 3천만 원 가운데 단지 3만 원만 식사 계정으로 할당해도 더 맛있는 음식을 먹을 수 있겠지만, 심리적으로는 그렇지 않다. 같은 돈이지만 식사 계정과 아파트 보유세 계정이 서로 다르고, 이 돈을 다른 계정과 나누려고 하지 않는 것이 심리적 회계장부의 특징이기 때문이다. 각 계정에 속한 1원의 성격을 서로 다르게 인식하고 있는 것이다.

그런데 심리적 회계로 인해 때로는 비합리적으로 재정을 관리하고 결정하는 일이 발생할 수 있다. 사랑과 애정, 허세와 경쟁심, 자신감과 자존심, 질투 등 다양한 감정이 우리가 설정한 심리적 회계장부에 무의식적으로 영향을 준다. 사랑하는 사람과 아이들을 위해서는 아무리 써도 아깝지 않게 느껴진다. 1년간 고생한 나를 위해서 스스로에게 고가의 선물을 주고, 아이 친구 엄마가 들고 있는 명품백을 따라서 사고, '팀장 승진도 했으니 이 정도 차는 타야 되지 않겠어?' '이 정도 자산이면 상급지 아파트로 이사 가야 하지 않겠어?' 하는 심리가 강하게 작동한다. 이 경우 심리적 회계가 한순간에 무너지기 마련이다.

한편 심리적 회계는 우리의 소득 계정에도 영향을 미친다. 소득 계정은 크게 근로와 노동을 통해 힘들게 번 소득 계정과, 우연한 기회에 쉽게 번 소득 계정으로 구분해서 존재하게 된다. 똑같은 금액의 돈이라도 심리적 회계에서 어떤 계정으로 분류되느냐에 따라서 그 가치를 높게 보느냐 혹은 낮게 보느냐가 결정된다. 한 달 동안 땀 흘려서 어렵게 번 돈과 갑자기 우연한 기회에 공짜로 생긴 돈의 쓰임새가 전혀 다르게 나타나는 것도 이와 같은 심리 때문이다.

손쉽게 번 소득 계정에 있는 돈은 쉽게 낭비될 가능성이 높다. 쉽게 벌었으니 쉽게 쓰고 마는 것이다. 공돈을 다 써버린다고 해도 원래의 상태로 돌아갈 뿐이니 손해라고 여기지 않는다. 게다가 쉽게 번 소득을 예정에 없던 추가로 생긴 돈으로 여기기 때문에 식료품, 기본 의류 등의 실용재보다는 명품, 수입차 등의 사치재나 해외여행, 파인다이닝 등의 쾌락재로 더 많이 쓰게 된다. 만약 이 돈이 투자로 흘러 들어가게 되면 위험 부담이 큰 금융상품에 과감하게 투자하게 될 가능성이 높아진다.

2021년 전후로 저금리와 넘치는 유동성으로 인해서 금융과 부동산 등의 자산 가치가 급격하게 올랐다. 그러자 자산 가치의 상승을 불로소득이라고 여기는 경향이 두드러지게 나타났다. 자연스럽게 오마카세, 파인다이닝, 골프, 캠핑, 명품, 백화점 오픈런 등 사치재와 쾌락재로 돈이 쏠리는 현상이 나타났다.

2. 자기통제

우리는 종종 눈앞의 단기적인 유혹과 인내 끝에 얻을 수 있는 미래의 보상 사이에서 선택해야 하는 상황을 맞닥뜨린다. 지금 이 순간의 즐거움을 추구하느냐 혹은 앞으로의 건강을 챙기는 것을 중요하게 여기느냐에 따라서 흡연과 과음의 선호도가 결정된다. 과시를 위한 명품 소비를 이어가는 것과 내 집 마련을 위해 주택담보대출 원리금을 납부하는 선택지 사이에서 고민하기도 한다. 많은 경우 현재 시점에 얻는 즉각적인 보상은 매우 달콤하고 자극적이고 편리하다. 반면에 미래의 바람직한 장기 목표를 추구하는 길은 불확실하고 힘들고 불편하다. 오늘을 과대평가하고 미래를 과소평가하는 편향성까지 더해져서 우리의 선택은 더욱 어려워진다.

자기통제는 이렇게 서로 다른 시점에 존재하는 대안 중에서 어떤 특정한 시점의 대안을 선택하게 되는 심리라고 할 수 있다. 자기통제력이 강한 사람은 현재의 작고 일시적인 보상보다는 미래의 더 큰 보상을 선택한다. 자기통제력을 키우면 부동산 투자의 결과를 바꿀 수 있다. 자기통제력이 있다면 입지에 대한 충분한 분석 없이 시장 분위기에 휩쓸려 소위 영끌로 투자하지 않을 것이다. 현재 느끼는 불안한 심리를 당장 해결하기보다는 안전한 투자를 통한 미래의 수익을 선호하는 것이다.

손실회피 경향으로 인해서 손해를 보고 있는 부동산을 계속 보유하게 되는 경우도 있다. 자기통제력이 있다면 매도로 인해 손실을 확정 짓더라도 빠르게 극복하고 더 나은 대안을 찾을 것이다. 때로는 확실한 이득을 선호하는 경향으로 인해서 성급하게 수익을 실현해버리려는 욕망과도 마주하게 될 것이다. 하지만 자기통제력을 통해 차분하게 현재 상황을 점검하고 미래의 보상에 목표를 고정한다면, 조급함으로 인해서 더 큰 수익을 놓치게 되는 실수를 하지 않을 것이다.

이 정도 연봉이면
강남으로 가도 되겠지?

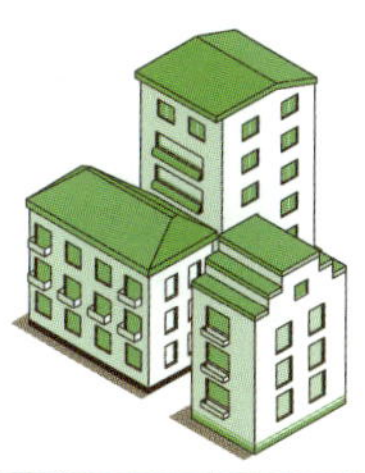

'대기업 10년 차면 연봉이 얼마인가요?'

'40대 대기업 맞벌이부부인데, 이 정도 자산이면 상위 몇 퍼센트인가요?'

'강남으로 이사 예정인데요. 이 정도 월급이면 버틸 만한가요?'

부동산 관련 커뮤니티에 끊임없이 올라오는 질문들이다. 어떤 학교를 졸업했고, 어떤 직장을 다니고 있고, 연봉이 얼마고, 사는 곳은 어디인지 등 사회적으로 어떤 위치에 있고 어떤 평가를 받는지를 비교하고 확인받고 싶어 한다. 우리는 타인과 비교를 하고, 경쟁에서 이겨야 하고, 비교를 통해 기쁨을 느끼고 좌절을 경험한다. 나만의 절대적인 만족이 아니라 상대방과의 비교를 통한 상대적 만족을 선호하는 것이다. 우리가 내리는 선택과 행동은 심리적 요인의 영향을 크게 받기 때문에, 만족감 역시 타인과의 비교를 기준으로 결정되는 경우가 많다.

올림픽 시상대에서 가장 행복한 사람은 누구일까? 물론 1위를 차지해서 금메달을 딴 선수일 것이다. 그럼 두 번째로 행복한 사람은 누구일까? 2위로 은메달을 딴 선수일까? 아마 동메달을 딴 선수일 것이다. 은메달을 딴 선수의 비교 대상은 1위를 차지한 선수다. 100분의 1초 차이로 세계 1위 타이틀을 놓친 실망감과 아쉬움은 상당할 것이다. 하지만 동메달은 4위를 차지한 선수가 비교 대상이다. 작은 실수 하나에 하마터면 시상대에조차 오르지 못할 뻔했기 때문이다. 천만다행으로 3위를 차지해서 메달을 받고 전 세계에 이름을 알릴 수 있게 되었으니 그 기쁨은 이루 말로 표현할 수 없을 정도다.

이와 같이 비교는 가까운 사람들 사이에서 더욱 두드러지게 일어난다. 포브스에서 선정한 세계 최고의 부자들과 스스로를 비교하지는 않는다. 세계 최고 부자가 수천 억 달러의 자산을 보유했다는 소식에 좌절감을 느끼는 사람은 없을 것이다. 대신 우리는 비슷한 연봉을 받는 동료 직원 혹은 매일 보는 아이 친구 학부모와 비교하면서 상대적인 만족감을 찾는다. 타인과의 비교를 통해서 자신이 우월하다는 느낌을 받고, 여기에서 자존감이 채워지기 때문에 멈출 수 없는 것이다.

아파트 투자에서 비교를 통한 우월감을 느끼는 것은 바람직하지 않다. 무리한 투자로 이어질 수 있기 때문이다. 소위 사치재로 아파트를 바라보지 않도록 해야 한다. 허세와 과시를 위한 투자가 아니라 인플레이션에 대응하며 자산을 키울 수 있는 투자가 되어야 한다. 따라서 객관적인 정보를 바탕으로 입지를 정확하게 파악해서 예산에 맞는 아파트를 찾는 것이 중요하다.

부동산 투자, 기본으로 돌아가라

초판 1쇄 발행 2025년 12월 22일

지은이 | 아이리
펴낸곳 | 원앤원북스
펴낸이 | 오운영
경영총괄 | 박종명
기획편집 | 이광민 최윤정 김형욱
디자인 | 윤지예 이영재
기획마케팅 | 문준영 박미애
디지털콘텐츠 | 안태정
등록번호 | 제2018-000146호(2018년 1월 23일)
주소 | 04091 서울시 마포구 토정로 222 한국출판콘텐츠센터 319호(신수동)
전화 | (02)719-7735   팩스 | (02)719-7736
이메일 | onobooks2018@naver.com   블로그 | blog.naver.com/onobooks2018

값 | 23,000원
ISBN 979-11-7043-701-7 03320